NOTES ET CONCLUSIONS

DES

ADIEUX

DU MARQUIS DE CHABANNES

A LA FRANCE;

DÉDIÉES A MM. LES MEMBRES DE LA CHAMBRE DES PAIRS

ET DE CELLE DES DÉPUTÉS ;

SUIVIES D'UN TABLEAU COMPARATIF

De la bonne et de la mauvaise Route

Pour

Louis-Philippe, les Pairs, les Députés, la Charte, les
Journalistes, l'Esprit de parti, le Caractère national, le
Ministère public et la Police, le Jury et les Tribunaux ;

TERMINÉ PAR

Un *post-scriptum* sur la dernière jonglerie ministérielle.

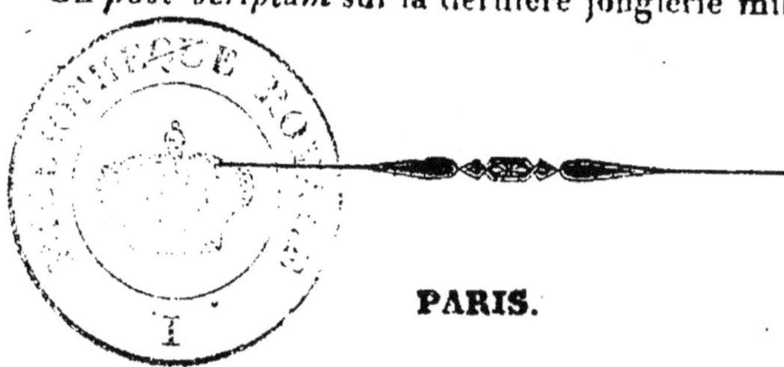

PARIS.

1834.

(3)

NOTES. — N. 1.

Nombre de personnes ayant cru que l'éclat que je fis au Palais-Royal (au mois de juin 1830) avait eu pour objet de contribuer au renversement de Charles X , quoique les écrits que je publiais alors *soient la preuve du contraire* , ne voulant pas en laisser subsister le doute , je dirai , pour toutes celles qui eussent adopté une semblable opinion , que depuis le 25 décembre 1813 , jour où j'arrivai à Hartwell , jusqu'au 28 juillet 1830 , où je fus à, Saint-Cloud à 11 heures et demi , (j'ai publié cette dernière et vaine démarche) nul Français n'a fait plus d'efforts auprès de Louis XVIII et de Charles X , pour les avertir du précipice vers lequel ils marchaient , et pour les empêcher d'y tomber.

Que n'ai-je pas pareillement tenté pour avertir la France de tous les maux dont elle était menacée : des dépenses considérables en impressions , depuis le mois de mai 1829 , sont une preuve irrécusable de l'ardeur et de la pureté de mon patriotisme.

N. 2.

Ces expressions seraient injustifiables , si elles s'adressaient généralement aux Français ; mais cette sortie ne s'applique qu'au crime , au déshonneur , à l'oubli de ses devoirs et de tout respect envers soi-même ; au manque de patriotisme , à l'égoïsme , à la corruption , à la bassesse d'âme , à la vénalité , en prendra sa part qui voudra.

N. 3.

Jamais comparaison ne pût être plus appropriée à la situation dans laquelle nous nous trouvons. En effet , fût-il jamais de grenouilles plus inconséquentes , de grue plus vorace et plus insatiable ?

N. 4.

Cette chambre n'est ni *héréditaire* , ce qui lui eût donné un grand poids , si en même temps , elle eût été composée des premières familles de France et de grands propriétaires ; ni *élective* , ce qui encore lui eût obtenu de la considération dans l'estime publique ; mais étant à la nomination du roi, et les décisions de ses membres pouvant être soupçonnées de corruption, d'ambition ou de vénalité, ne peuvent avoir aucun poids sur l'opinion publique.

MM. les membres de la première chambre des députés ne se récrieront pas sans doute sur l'expression d'*aveuglement* dont je couvre ici des travers coupables, ou d'injustifiables erreurs.

N. 5.

Le trône est-il occupé à titre de légitimité, par droit de conquête, ou par le choix de la nation ?... Je laisse à chacun à le prononcer.

Il serait trop long pour une note de rapporter ici l'historique de ce début de toutes les déceptions et de toutes les jongleries ; début que je connais à fond et que je développerai aux yeux de toute la France, si l'occasion peut s'en présenter ; je me borne, pour le présent, à examiner ici les titres que Louis-Philippe peut avoir à nos obligations envers lui, *comme Roi.* Par le pacte qui lie le peuple au souverain, *les obligations sont synallagmatiques ;* ainsi il est évident que si le souverain manque aux promesses qu'il a fait, aux engagemens qu'il a pris, aux sermens qu'il a prononcé, il rompt, par cela même, tous les liens du peuple envers lui. Vous en faut-il une preuve récente ? où les ordonnances revêtues de la signature de Charles X l'ont-elles conduit ?

Depuis le 9 août 1830 que d'ordonnances revêtues de la signature de Louis-Philippe Ier n'ont-elles pas excédé les écarts de celles du 25 juillet 1830 ! Louis-Philippe, ses ministres et tous ses alentours n'ont-ils pas pensé alors que Charles X avait *mérité sa déchéance ?* ne l'ont-ils pas dénommé parjure, etc., etc.? Ces faits posés, je me borne à répéter pour ma justification :

« Le prince, comme nous, des lois doit être esclave.
» Roi loyal je le sers ; mais tyran je le brave.
» Que la charte en tous points soit une vérité,
» A ce prix, mon hommage et ma fidélité. »

N. 6.

Vous souvient-il de cette première déclaration, *que la Charte serait une vérité?* elle précéda de cinq minutes l'entrée du duc d'Orléans au Palais-Royal, et la première représentation des salutations, à chaque cri de *vive le Roi* sorti de la bouche de ses propres valets. J'affirme ce fait : j'en fûs témoin occulaire et auriculaire : il s'en trouvera d'autres au besoin. — Les chers camarades n'ont pas sans doute oublié l'époque des mille et une poignées de mains : qu'en pensent-ils aujourd'hui ?

N. 7.

Je ne crois pas qu'il puisse rester une seule personne assez aveugle pour penser que les émeutes aient jamais eu une autre source que la direction de la police.

Lorsque nous avons vu apparaître soudainement dans les rues des essaims de promeneurs ; que nous les avons vu se porter sur un point déterminé, et se diriger sur un autre ; se mouvoir avec ordre, et disparaître sans laisser la moindre trace de fermentation le lendemain, comment douter un seul instant que ces rassemblemens et ces prétendues émeutes n'ont eu d'autre objet que de répandre l'alarme parmi les boutiquiers, et, en fatiguant la garde nationale, de l'irriter contre le peuple ; n'a-t-on pas, en même temps, présenté ces rassemblemens à l'assemblée comme des complots, tantôt provenant des légitimistes, tantôt des républicains ?

Il y eût sans doute, parmi la jeunesse parisienne, nombre de têtes vives et exaltées, je suis loin d'en disconvenir ; ce qui doit plutôt surprendre, c'est qu'il n'y en ait pas eu un infiniment plus grand nombre. On se doute bien que les propos n'étaient point ménagés dans de telles réunions, ni aucune précaution prise pour cacher l'irritation ; dès-lors, n'est-il pas naturel de penser que des suppôts de la police ne se soient introduits parmi eux sans la moindre difficulté, et que pour mieux jouer leur rôle ils n'aient dû se montrer les plus violens et les plus exaspérés? n'ont-ils pas dû faire ensuite leur rapport sur ce qu'ils avaient vu et entendu? Je n'en fais point un crime à la police, car, si elle n'en eût point agi ainsi, elle eût manqué à ses devoirs; mais la conséquence en dérive qu'elle a dû savoir d'avance tout ce qui avait été projeté; d'où il devient plus que vraisemblable que ces mêmes agens de la police ont dû avoir pris la principale direction des lieux où on devait se rassembler, ainsi que des mouvemens qu'on se proposait d'exécuter ; les rassemblemens du cloître Saint-Merry et de la rue des Prouvaires, etc., ayant donc dûs avoir été connus d'avance, ne pourraient-ils pas avoir été des piéges tendus à une jeunesse égarée et exaspérée? Je laisse au lecteur à réfléchir sur le reste.

Le jour de l'enterrement du général Lamarque, qui ne se souvient du courage héroïque que montra le *roi de son choix*, paradant dans les rues avec autant de sang-froid qu'il en conserva depuis sur le Pont-Royal au bruit du sifflement *de la bourre d'un pistolet? Dans le premier cas*, à l'en croire, ne préserva-t-il pas la boutique du *pillage des républicains? Dans le second*, la France ne fût-elle pas au moment de périr ainsi que sa royale et loyale personne, par la *machination la plus diabolique?* C'est lui qui encore nous l'a dit; et quel est le Français qui ne sait que Louis-Philippe *ne ment ni ne trompe jamais?*

Il y eût, de plus, deux célèbres émeutes que je ne saurais laisser passer sous silence, je veux dire celles de la place de la Bourse et de la rue Transnonain.

Dans la première, on voulût répandre l'effroi, et, tout-à-coup, un peuple paisible et de simples promeneurs, attirés par la curiosité, se virent poursuivis et assommés à coups de bâton, par une bande de forcénés évidemment dirigés par la police.

Dans la seconde, le but fût de frapper les esprits de consternation et de terreur; femmes, enfans, vieillards, expirèrent percés de mille coups de baïonnettes, jusque dans leurs propres foyers ; et les assassins n'ont pas encore été livrés aux tribunaux ? les directeurs de ces massacres n'ont pas encore subi les châtimens qu'aurait dû leur infliger la main du bourreau ! Grand Dieu ! dans quel siècle vivons-nous ! Je ne m'étendrai pas sur les massacres de Lyon et de tant d'autres lieux ; partout la moindre attention aperçoit la main qui dirige.

N. 8.

L'embarquement de S. A. R. la duchesse de Berry à Livourne, le nom des personnes qui l'accompagnaient, le lieu de son débarquement à Marseille, etc., furent connus longtemps d'avance de la police et de Louis-Philippe ; néanmoins on la laissa librement débarquer, traverser la France, se rendre à la Vendée sans le plus léger empêchement. N'en voyons-nous pas aujourd'hui le but ? ce fût uniquement pour l'y faire suivre pas à pas, afin d'apprendre *les demeures et le nombre de ses partisans.* Elle ne descendit pas dans un château, ne coucha pas dans une chaumière, ne bivouaqua pas dans un bois, sans qu'on en ait été informé le surlendemain aux Tuileries.

Lorsqu'on eût ainsi rempli son objet et qu'il parût utile de la faire arrêter pour faire illusion à l'assemblée, on n'inventa cette prétendue trahison d'un juif, que pour mieux déguiser la perfidie. Ensuite vint cette détention arbitraire, au mépris des sermens et des lois, et cette cumulation de diffamation de la propre nièce d'Amélie et du roi, tandis qu'il leur était si facile de prévenir ce déplorable éclat en rendant la liberté à la duchesse de Berry et la renvoyant à Naples ou à Palerme. La conduite contraire fût d'autant plus atroce, qu'en politique même, ce fût, dans l'état où se trouvait cette magnanime et trop infortunée princesse, un crime inutile.

N. 9.

Tandis que nous entendions retentir dans les airs, les

prouesses du héros de Jemmapes et de Valmy, l'honneur et tous les intérêts de la France n'ont-ils pas été sacrifiés à obtenir des potentats européens la reconnaissance de son élévation?

N. 10.

Un coup de pistolet a été tiré. La police avait appris, plusieurs jours à l'avance, des propos vagues tenus par un écervelé. Or, cette connaissance n'aurait-elle pas pu inspirer aux auteurs de tant de farces, *l'invention de celle qui se joua sur le Pont-Royal?* Nous avons su par les dépositions *qu'on s'y attendait* avant le départ des Tuileries. Il a été prouvé et déclaré que le prétendu assassin n'avait été *ni arrêté*, *ni surveillé*, *quoique dénoncé d'avance*, et n'avait eu aucune part au coup tiré. D'un autre côté, un homme avait été arrêté et a *disparu;* qui donc fût l'auteur de cette jonglerie ? Je laisse à chacun à prononcer le mot de l'énigme.

N. 11.

Où sont les dangers de ces républicains, si ce n'est dans les fantasmagories des feuilles ministérielles ? Sans aucun doute *les fanfaronnades du National et de la Tribune* ont puissamment secondé les vues et les intérêts de Louis-Philippe, et l'on peut dire, avec vérité, que ce sont *ces deux journaux et leurs affiliés* qui, depuis long-temps, ont été ses principaux soutiens; tant la population de la France a horreur des maximes qu'ils répandent. Voici le fait : De deux excès, pour éviter le pire, les timides et les hébétés se sont rangés sous la bannière de Louis-Philippe. Mais comment ces bonnes gens ne voyent-ils pas depuis long-temps, que ce parti républicain n'existe que dans les intérêts des éditeurs de ces feuilles, qui ne fondent leur spéculation que sur l'irritation des passions, la fermentation des esprits, l'inflammation des têtes. Si le parti républicain a pris un peu plus d'étendue depuis la révolution de 1830, ce n'est certes pas par attrait pour la république, mais bien uniquement par l'aversion qu'inspire à tout homme droit et honnête, un gouvernement de déceptions et de fourberies. L'étalage qu'on a fait de leurs prétendues émeutes, ne fût donc évidemment que dans le but d'aveugler de bons badauds, et en même temps, en répandant l'épouvante dans l'assemblée, d'en obtenir les concessions qu'on en désirait.

N. 12.

Si ce ne fût pas Vidoc, qui fût ici l'employé en chef, ce fût au moins, à coup sûr, sa notable bande. D'un autre côté, puisque d'Argout et Gisquet n'ont pas été disgrâciés, après un affront aussi sanglant fait au caractère français, ne pourrait-on pas porter ses soupçons plus haut en cherchant l'ordonnateur de ces atrocités ?

N. 13.

C'est ainsi que nos gouvernans se jouent des formes, des lois, et de la justice même ; à quoi ont abouti les diverses enquêtes qui ont eu lieu ? Si non à enfouir tant d'horreurs dans l'oubli. Vit-on jamais traiter une nation de la sorte ? Et cette nation, hélas ! est la nation française ! ô honte à jamais sur le caractère français ! S'être laissé avilir jusqu'à avoir reçu des coups de bâton. O mes compatriotes ! qu'êtes-vous aujourd'hui ?

N. 14.

J'en appelle ici, aux souvenirs, au bon sens, au jugement de chaque Français ; en est-il un aujourd'hui, s'il est de bonne foi, qui ne conviendra que jamais nation ne fût plus complètement jouée, mistifiée, trahie ?

N. 15.

Comme l'aveuglement ne peut plus exister, les agens de la police et les orléanistes tiennent partout un langage qui ne rencontre que trop d'échos dans l'égoïsme, l'apathie, l'extinction de patriotisme, en un mot la dégénération du caractère français.

Et qu'importe qui gouverne, disent-ils, pourvu que nous soyons tranquilles, préservés de la guerre à l'extérieur, et d'une nouvelle révolution dans l'intérieur ? Tel est le langage de la boutique, et conséquemment d'un grand nombre de gardes nationaux qui n'y voyent pas plus loin que leur intérêt du jour ; mais ils sont français ! c'est dire assez qu'il ne faut qu'un instant pour les rendre à l'honneur et à la patrie.

N. 16.

Si ces expressions paraissent triviales, n'en sont-elles pas plus appropriées au héros et à la scène ? Ne croirait-on pas déjà voir ces troupeaux accourir, le berger en tête, et bêler à l'envi : *vive le roi !*

Mais qu'entend-je ? déjà Louis-Philippe ne part plus ! serait-ce ici le complément de la mystification de cette convocation subite ? ou est-ce la crainte de rencontrer des moutons moins dociles à la voix de leurs conducteurs, qui eût causé ce changement ? c'est ce que nous apprendrons peut-être un jour ; les députés qui se sont vus congédiés si cavalièrement, sachant par leur propre expérience qu'on se fait un jeu des formes constitutionnelles, et s'étant vus traiter comme de véritables marionnettes, ne prendront-ils pas, à leur tour, un ton digne des représentans de la nation ? C'est ce qui ne doit pas tarder à s'éclaircir. Ils n'oublieront pas sans doute, que 229 députés, *sans pouvoir, sans mission de la France,* ont proclamé Louis-Philippe roi.

N. 17.

Fût-il jamais un monstre plus méprisable et plus en horreur que le premier, *la mort ! sans phrase.* Fût-il aussi jamais un trait plus révoltant que celui d'un oncle envers sa nièce, *la prison, le déshonneur !*

N. 18.

Voilà la vraie planche de salut pour tous ; même pour Louis-Philippe et pour sa famille. Une amnistie générale doit être le premier acte de Henri, et devra s'étendre du plus petit jusqu'au plus grand. Si son retour est le plus sûr chemin de faire cesser nos divisions, de mettre un terme à nos révolutions, de nous rendre à l'honneur, de nous procurer la tranquillité et de nous assurer une paix solide et durable, n'est-il pas de l'intérêt, non-esulement de chaque Français en particulier, mais de toute la France en général, de nous réunir autour de lui.

N. 19.

Les royalistes exagérés, à la pureté desquels je rends un sincère hommage et dont j'ai partagé les opinions et le dévouement jusqu'à l'avènement de Charles X à la couronne, me taxeront peut être d'être devenu révolutionnaire, en voulant qu'Henri V soit soumis aux lois et exposé à la déchéance, s'il cherchait à les enfreindre ; attachant un haut prix à leur estime, tout en étant dans des opinions bien différentes de celles *fort impolitiquement* manifestées par plusieurs d'entre eux, je vais exposer ici les bases sur lesquelles je diffère avec eux. Cet objet que je vais traiter, avec quelqu'étendue, dans l'espoir de les ramener dans la voie des conciliations, n'intéresse pas moins les Français de tous les partis, car, il faut considérer les choses avec impartialité, telles qu'elles sont, et non telles que les préjugés et les animosités portent un trop grand nombre à les envisager. Il faut se pénétrer avant tout de l'époque où nous vivons, et que nul retour sur le passé ne peut avoir lieu. C'est en se mettant à la tête du mouvement qu'on peut seul en prévenir les travers ou les modérer

Nés sous les lois de la monarchie, dont les Bourbons étaient les chefs depuis tant de siècles, nous avons dû être toujours prêts à sacrifier nos vies et nos fortunes à la défense des lois et à la gloire du trône. La révolution de 1789, est arrivée. Le côté du devoir et de l'honneur, dans un tel moment, fut celui où, *fidèle à ses sermens,* on défendait le Roi et

1*

les lois. La révolution a suivi son cours au travers de tous les écarts des passions, de tous les écueils du vice, de toutes les horreurs du crime. Louis XVI finit par être assassiné par des Français.

L'émigration qui n'avait quitté ses foyers que pour défendre les lois et le roi, et dont on avait saisi et vendu les biens, a pu dire : Nous avons tout perdu fors l'honneur ! c'est encore aujourd'hui ce qu'il n'appartient à ses calomniateurs de pouvoir lui ôter. Cette opinion n'est pas celle de la perversité du jour, mais elle n'en est pas moins celle de l'honneur, de la justice, de la raison et de la vérité.

Vingt-six ans s'étaient écoulés lorsque Louis XVIII remonta sur le trône. La charte lui fut imposée par le prince de Bénévent, *ce génie moderne digne du siècle où nous vivons.* Louis XVIII se refusa à s'y soumettre jusqu'au moment où Alexandre étant venu à Compiègne acheva de l'y forcer. La stupidité de son favori, de lui en avoir attribué l'octroi, l'enfonça dans un dédale de difficultés dont il ne sût ensuite comment se tirer. Ceux qui n'ont vu Louis XVIII que de loin, l'envisagent comme un philosophe aussi habile que profond; mais ceux qui l'ont approché de près savent qu'il n'exista jamais un être plus faux, plus faible et plus nul.

Jusqu'à la mort de ce prince, la jalousie qu'il avait contre son frère fût son sentiment dominant, et plaça Monsieur et sa famille dans une opposition constante contre la marche dans laquelle son sentiment jaloux et haineux l'entraînait. De là, naquirent le parti que Monsieur chercha à se créer, la division qui se manifesta dans l'assemblée, l'irritation toujours croissante qui en fût la suite, en un mot la lutte déplorable qui s'établit entre les adversaires des Bourbons et le parti royaliste.

En 1814, il eût été facile à un Henri IV de reprendre les

rênes du gouvernement de ses ancêtres ; mais cette vigueur était cent fois au-dessus de la portée de Louis XVIII. Il était naturel de penser que Charles X, qui n'avait cessé pendant la vie de son frère d'appeler les royalistes à seconder ses efforts pour combattre les empiétemens du parti révolutionnaire, déclarerait franchement, à son avènement à la couronne, être dans l'intention de réclamer et de soutenir ses droits ; mais, loin d'en avoir l'énergie, il suivît les conseils de la timidité et eût recours à la duplicité. De là, la bride lâchée au parti prêtre ; de là, les singeries des Latil et des Quélen, la propagande dès missionnaires, les visites à Sainte-Geneviève, les stations au Calvaire, la résurrection des ossemens de saint Paul, en un mot, toutes les jongleries du plus fourbe jésuitisme ; et de là, la pitié, pour ne pas dire le mépris, que le peuple conçût pour les faiblesses et les travers d'un vieillard enchaîné dans leurs fers, et ensorcelé par cet infernal esprit prêtre qui a fini par le plonger dans l'abîme avec toute sa famille. Car, on a beau attribuer la révolution à toute autre cause, jamais, *sans le dégoût où les Français étaient tombés du renouvellement de toutes les moineries dignes du 13e et 14e siècles, Charles X n'eût été détrôné.*

Après ces premiers exposés purement historiques, je reviens à la justification de mes opinions.

Le règne de Louis XVIII avait pu laisser aux royalistes l'impression de la non validité d'actes et de déclarations qu'ils savaient avoir été arrachés à la faiblesse de caractère de ce prince, et par lesquels *il avait changé les lois de la monarchie.* Ils pouvaient donc se croire obligés dans leur conscience à les défendre de nouveau, si Charles X, à son avènement à la couronne, les eût appelés à son soutien ; mais lorsque, par la mort de Louis XVIII, Charles X eût été mis en possession de tous ses droits légitimes et que sa première déclaration fut son adhésion, *sans réflexions ni réserves* aux changemens opérés sous le règne précédent, il ne devint plus possible d'attribuer son acquiescement à la charte et le renouvellement de ses sermens de la maintenir, qu'à sa seule et libre volonté.

C'est ainsi que ces deux princes ont eux-mêmes porté atteinte *à leurs droits héréditaires*, et, en anéantissant les anciennes lois de la monarchie, ont également mis un terme *aux obligations qu'elles nous imposaient envers eux*; obligations et devoirs que l'histoire de France, les exemples de nos pères, les impressions que nous recevions dès le berceau, gravaient dans nos cœurs en caractères ineffaçables.

D'après les faits que je viens de poser, et les justes solutions que j'en ai tirées, il est évident que c'est Louis XVIII et Charles X qui ont achevé d'anéantir les anciennes lois de la monarchie, et, en même temps, changé nos devoirs envers la couronne.

Dans la crise que l'incapacité et l'infatuité d'un favori avait aussi imprudemment provoquée, Charles X n'a su prendre d'autre parti que la fuite, *quoiqu'à la tête d'une armée abondamment pourvue d'artillerie*; en vérité, on a peine à le concevoir: voulant éviter d'entrer dans des détails pénibles, je me bornerai à dire que la coterie jésuitique perdît la tête, et que Charles X abdiqua la couronne, ainsi que le dauphin. S'étant ensuite laissés conduire comme deux pélerins, disant leurs chapelets à chaque station, ils sont arrivés sains et saufs, jusqu'en Bohême; que Dieu *les y bénisse et les y conserve!* mais, n'ont-ils pas mérité une aussi triste fin et, par *leur abandon*, perdu tous leurs droits sur nous?

Que devons-nous donc vouloir aujourd'hui, nous qui, jusqu'au dernier moment, avons été fidèles à nos devoirs envers le trône et *non moins envers nous-mêmes*, si non, de nous vouer avec la même ardeur et la même fidélité à la consolidation d'une Charte qui doit mettre un terme à nos divisions et à nos révolutions. C'est uniquement dans cet espoir et dans cette pensée que j'ai dit et répété qu'il est de l'intérêt de tous les Français de fixer leur choix sur Henri V afin de réunir tacitement les *droits de la légitimité* avec les *intérêts de la révolution.*

Il faut se convaincre de deux grandes vérités : *La première*, est qu'il n'est pas plus possible de revenir sur le passé pour les Bourbons, ni pour les royalistes, que de faire remonter la Seine vers sa source : *La seconde*, que les délires du parti républicain nous conduiraient dans un bouleversement de tout ordre social.

Si Louis-Philippe, au lieu de s'égarer chaque jour de plus en plus à vouloir régner *à la Louis-le-Grand*, ce qui, en lui, non-seulement passe l'extrême du ridicule, mais pourrait le conduire à grand pas vers la catastrophe ; si Louis-Philippe, dis-je, appréciait sa situation, ses intérêts et ceux de sa famille, il penserait que le chemin de l'honneur devient en même temps, pour lui, celui du salut ; ce serait alors que, en peu de mois, et sans la moindre secousse, toute agitation aurait disparu parmi nous et que nous verrions bientôt tous les Français oublier le passé, et s'élancer avec ardeur dans le plus heureux et le plus glorieux avenir.

Avec quel empressement, moi qui l'attaque et le poursuis aussi ouvertement, en ce moment, ne lui témoignerais-je pas mon admiration pour son noble retour dans la voie de l'honneur et de la vertu.

N. 20.

Oui, certes ! je le répète, soyons aujourd'hui anti-carlistes ; l'influence des prêtres, *ce plus grand des fléaux de la race humaine*, reviendrait avec lui ; Charles X et son fils, en abdiquant la couronne, ont rompu tous les liens des Français envers eux ; oublions-les donc, comme ils nous ont abandonnés et sacrifiés.

Qu'Henri devienne roi de par la Charte et non par le droit divin ; qu'il jure d'être soumis aux lois et de respecter nos droits, et nos libertés, et qu'il soit fidèle à ses sermens, mais s'il advenaît qu'il s'en écarte, je le répète encore, qu'il éprouve alors légalement le sort qui vient d'être illégalement celui de Charles X.

Il faut ici que tout le monde se pénètre que c'est *une nouvelle ère que nous devons commencer en tout*, et que les préjugés du passé, *de quelque nature qu'ils soient*, doivent disparaître.

Soyons en même temps anti-républicains, ou, pour mieux dire, cessons de nous aveugler sur le nombre et la force de ce parti. Si cette opinion a fait quelque progrès parmi nous, dans ces derniers temps, c'est uniquement à l'aversion des duplicités, fourberies, jongleries, trahisons des usurpateurs du pouvoir qu'on doit seul l'attribuer, *avec eux disparaîtront jusqu'à la trace du républicanisme*.

Que doivent désirer tous les peuples. si ce n'est le règne des lois et la jouissance de la liberté individuelle, dans tout ce qui ne nuirait pas à autrui, ni à la morale publique, ainsi que la plus parfaite égalité devant la loi? Que le chef de l'État porte le titre d'empereur, de roi, de président, ou tout autre, qu'importe, pourvu qu'il ne soit *que le pouvoir exécutif* et qu'il ne puisse en rien, *ni altérer les lois ni les enfreindre*.

C'est ainsi que j'entends le retour de Henri. et tel est le souhait, en même temps, que je forme pour tous les peuples de la terre. Que les privilèges pécuniaires, les dîmes du clergé, les corvées, les vasselages, soient partout abolis; que les monastères d'hommes et de femmes soient à jamais supprimés; que les biens du clergé, accaparés et usurpés par les artifices de l'esprit prêtre sur l'ignorance des temps, servent en tous lieux à l'acquittement des dettes de l'État ou à des constructions de canaux et de grandes routes: voilà ce que partout les peuples doivent désirer et obtenir dans l'intérêt général. Paix perpétuelle, liberté de commerce, économie dans les dépenses d'administration et de perception, diminution dans les impôts. Voilà ce que nous devons atteindre, et ce que nous atteindrions avec le retour de Henri. La note suivante en indiquera le meilleur chemin.

N. 21.

Que les pairs et les députés qui auraient des sentimens, honorables, et patriotiques se réunissent, et engagent Louis Philippe pour son honneur, pour son bonheur, pour son repos, à remettre la couronne à son neveu. Que d'accord avec lui, ils fassent des propositions à Henri V, et dans peu de mois tout serait terminé à la satisfaction de tous les Français, et à la confusion de tous les ennemis de la France. Il est important de faire ici la réflexion que Henri replacé sur le trône par *une composition avec la révolution*, reconnaîtrait les droits de souveraineté que la nation a reconquis et que, des deux côtés, tout prétexte de division cessant à l'avenir, les souvenirs du passé et les animosités présentes disparaîtraient très promptement, et, dès-lors, que l'union renaîtrait parmi nous.

D'un autre côté, si le duc de Bordeaux rejettait les propositions qui lui eussent été faites, et qu'il déclarât ne vouloir rentrer en France que par ses prétentions de légitimité, qu'il les soutienne alors tout seul ; et, dans un tel cas, que la nation place la couronne sur la tête du duc d'Orléans ou de Nemours ; ils n'ont ni l'un, ni l'autre participé à rien de ce qui s'est passé, il ne doit donc y avoir pour tous les partis aucun motif de répugnance, ni même d'éloignement à placer la couronne sur leur tête. Mais, *fût-ce le duc de Bordeaux*, qui eût accepté l'offre qui lui eût été faite, qu'il soit bien entendu, que ce choix ne pourra être valide qu'après que la nation, *convoquée en assemblée primaire*, l'aurait légalement ratifié et, en même temps qu'elle eût nommé des députés chargés d'établir une Charte nationale qui devienne la loi inviolable pour la couronne comme pour le peuple. Nous sommes sortis de la voie légale ; il faut donc avant tout y rentrer ; depuis quatre ans nous ne marchons que de déception en déception; il faut y mettre un terme et fonder les lois qui doivent désormais nous régir sur le vœu prononcé par la nation et non sur l'usurpation et l'abus de son nom.

N. 22.

En me rendant l'apôtre du retour de Henri , il est de toute évidence que c'est bien plus pour la France que pour lui. C'est parce que l'esprit de division si funeste qui ne peut qu'augmenter , sous la lignée d'Orléans, ne peut disparaître qu'avec lui ; c'est parce que sa jeunesse , son propre intérêt , l'expérience des égaremens , et de la catastrophe de son grand père, tout, en un mot, doit le porter , *plus que tout autre prince*, à placer sa gloire, son bonheur, sa propre sécurité dans la stricte observation des lois.

N. 23.

C'est ce qui me porte encore plus à vous dire, offrons d'abord la couronne à Henri, parce que la droiture, l'honneur, la justice et notre intérêt nous tracent et nous commandent cette première démarche ; mais, en même temps, qu'il sache bien qu'il ne peut régner sur nous qu'en reconnaissant les droits de la nation française et en jurant de se soumettre à ses lois et de respecter nos droits.

Il ne peut revendiquer ses titres de légitimité sans tomber dans un aveuglement qui lui deviendrait funeste. L'abolition des anciennes lois de la monarchie a été consommée par les actes et les faits de son grand oncle et de son grand père, ainsi que je l'ai exposé plus haut; l'abdication de Charles X et du dauphin, en faveur du duc de Bordeaux, ayant été faite au moment ou ils prenaient la fuite, a perdu tout son poids : il ne devrait donc s'en prendre qu'à lui-même, si , ayant refusé l'offre qui lui eût été faite , la nation, de son côté, déclarait ne plus vouloir de lui , et plaçait la couronne sur la tête d'un autre.

N. 24.

Je viens de prouver , par les notes précédentes, la plus

parfaite impartialité. Ce que je vais présenter dans celles qui vont suivre, ne doit donc pas être attribué à aucune prédilection en faveur du duc de Bordeaux, quoique, je suis loin de vouloir le dissimuler, mon cœur se porterait tout entier vers lui, mais ce sont les intérêts de la France que je considère, *avant tout*, dans la thèse que je soutiens.

Le premier et le plus grand de tous nos intérêts est *de mettre un terme à notre trop longue révolution*, à nos divisions, à *de honteuses animosités*, à tous nos maux enfin ; c'est encore dans l'intérêt de la race humaine entière, dont le sort peut changer à notre exemple, et au besoin avec notre appui. Tels sont les motifs réunis qui militent aussi fortement en faveur de Henri.

N. 25.

Ce que je dis encore, n'est que dans la supposition que l'avenglement ait égaré Louis-Philippe jusqu'à se refuser à l'invitation des pairs et des députés, et que la France soit appellée à prononcer entre l'oncle et le neveu.

N. 26.

Que nous présente le duc de Bordeaux, sinon le descendant légitime de soixante-neuf Rois; le chef de la première famille du monde ; ce dont tout français ne peut qu'être fier : a-t-il le moindre rapport avec les égaremens de son aïeul ? Non ! soyons donc justes envers lui. Quel mal nous a-t-il fait ? Quel raison avons-nous donc de le proscrire ? Serait-ce parce qu'il est Bourbon ? Eh quoi ! des Français pourraient se dégrader jusqu'à reprendre les sentimens des sans-culottes ? S'il s'élevait encore des voix aussi dépravées, parmi-nous, je dirais à ces nouveaux forcenés : « Louis-Philippe, est-il moins un Bourbon ? » Suivons-le un instant dans le parcours de sa première carrière.

Après avoir combattu à Jemmapes et à Valmy a-t-il, ou non, passé sur le territoire étranger ? Pour se réhabiliter des premiers écarts de sa jeunesse, tant auprès du chef de sa famille, que de tous les souverains de l'Europe, avec lesquels il a eu quelque rapport, n'a-t-il pas protesté de son repentir et de sa haine envers la révolution? S'est-il, ou ne s'est-il pas; montré partout prêt à agir contre elle? Depuis sa rentrée en France, a-t-il cessé ou non de conspirer contre son roi et contre ses bienfaiteurs, tandis qu'il protestait chaque jour, auprès d'eux, de son attachement et de sa fidélité?

N'a-t-il pas commencé sa nouvelle carrière d'abord par sortir de Paris, avec toute sa famille, le mercredi 27 à 4 heures par la rue de Valois et la barrière de Mousseau.

N'a-t-il fait précéder sa rentrée au Palais-Royal, le 21 juillet à 11 heures et demi du matin, par faire faire, cinq minutes auparavant, la lecture d'une espèce de proclamation qui annonçait que désormais la Charte serait *une* vérité? A-t-il tenu cette promesse? Les premiers cris de Vive le roi, sont-ils sortis ou non de la bouche de ses propres valets? Sur le balcon de l'Hôtel-de-Ville, a-t-il, ou non, renouvelé le baiser de Judas envers Lafayette? a-t-il été plus sincère dans ses poignées de main, ses salutations, ses génuflexions? Ne se montrait-il pas tous les jours, dans l'origine, au son de la Carmagnole et de la Marseillaise, à ce même peuple que nous avons vu depuis assommer de coups de bâton et percer de mille coups de baïonnettes?

Ces citations rapides des principaux actes de sa vie sont-elles notoires ou non? Et si ils sont connus de tous, Pairs de France, Députés de la nation Français de tous les rangs, de toutes les classes, de tous les partis, que pouvez-vous penser de votre aveuglement, de vos opinions, de vous-mêmes?

N. 27.

Si une députation de la chambre des Pairs et de celle des Députés portait au duc de Bordeaux l'offre de revenir en France sous la condition expresse que la nation serait aussitôt convoquée en assemblée primaire pour nommer des députés munis de pouvoirs *ad hoc* pour le proclamer Roi, et pour apporter à la Charte actuelle toutes les améliorations ou modifications dont la majorité l'aurait jugée susceptible, en un mot pour établir loyalement et par des formes légales une Charte qui devienne la loi fondamentale qui régisse la France à l'avenir, on ne saurait mettre en doute que, si Henri, aujourd'hui majeur, acceptait de telles propositions, il n'en remplisse toutes les clauses avec fidélité.

Supposons au contraire qu'il les eut rejetées ; dans ce cas, la France ayant reconquis ses droits, et la branche aînée n'ayant pas su defendre les siens, tout deviendrait honorable et droit en offrant la couronne à tout autre prince. Ce que la France doit désirer et avoir pour premier but, avant tout, c'est *de sortir du dédale où elle se trouve, et de n'être désormais régie que par des lois et à l'abri de l'arbitraire de qui que ce soit.*

N. 28.

Qui est-ce qui nous place dans l'incertitude et les craintes de l'avenir ? Uniquement la position illégale et révolutionnaire dans laquelle nous nous trouvons placés, ainsi que les intérêts de celui qui non-seulement a tout sacrifié pour parvenir à son but, mais qui est forcé par sa position fausse de continuer à tout immoler pour établir sur nous sa dynastie.

Que les royalistes les plus antichés des préjugés des tems passés, que les républicains les plus exagérés dans leur délire d'un nouvel avenir, veuillent bien peser et considérer les trois importantes vérités que je vais leur présenter :

La première, que la révolution est faite, et, je le répéterai encore, qu'il est aussi impossible de revenir aujourd'hui sur le passé, que de remonter un fleuve vers sa source.

La seconde, que plus les feuilles républicaines parleront avec assurance de l'approche de leur république, plus ils fortifieront Louis-Philippe, plus ils propageront, en même tems, parmi les populations de l'Europe, l'éloignement pour les Français, et plus ils consolideront les trônes despotiques. Je pose en fait, qu'en ce moment Louis-Philippe n'a pas un autre soutien.

La troisième : Au retour de Henri les divisions cesseraient dans l'intérieur, les animosités s'éteindraient ; les passions ne trouvant plus d'alimens, tout rentrerait successivement dans le calme et dans l'ordre légal, et les souverains de l'Europe, *coalisés aujourd'hui contre le républicanisme*, non-seulement n'auraient plus de motifs pour rester unis contre la France, mais même ne pourraient plus faire valoir le plus léger prétexte, auprès de leurs sujets respectifs, pour justifier les dépenses d'aussi grands armemens, puisque, le calme nous étant rendu, ils n'auraient plus à redouter de nous que des exemples de justice et de raison. Si de tels exemples pouvaient leur causer de nouvelles alarmes, n'ayant aucun moyen d'étouffer la voix qui ferait retentir le bonheur dont nous jouirions, une sage prévoyance leur indiquerait que leur propre salut tiendrait à nous imiter.

N. 29.

Les ambitions particulières, les jalousies, les intrigues de cour, les passions, les caprices, les volontés mêmes des rois ne pouvant plus occasionner des déclarations de guerre sans le concours des représentans du peuple, il en résulterait bientôt une paix générale ; dès-lors chaque gouvernement ne s'occuperait, chacun chez soi, qu'à établir tout ce qui pourrait le plus contribuer à la prospérité et au bonheur de leurs sujets respectifs.

Faites ici une attention particulière à *l'abolition de la conscription* que je présente devoir être un des premiers bienfaits, du retour de Henri, envers le peuple français ; nulle démarche ne pourrait être *plus adroite, plus profonde,* et

en même temps *plus importante*, dans toutes ses conséquences.

La république a enfanté un Buonaparte ; la conscription
est devenue le pivot de son ambition, et bientôt après le recours de tous les despotes ; en même temps, le fléau de tous
les peuples. L'annonce de son abolition, le jour où la Russie,
l'Autriche et la Prusse voudraient renoncer au système de
levées arbitraires, produirait inévitablement le double effet
de *nous attirer le vœu et l'attachement de tous les peuples*,
mais, au besoin, nous assurerait de leurs concours unanime.

N. 3o.

Le résultat de cette mesure serait tel que tous les rois de
l'Europe se verraient bientôt forcés de s'y soumettre. Les
peuples, mieux instruits de leurs intéêts, comprendront bientôt que *les armées sont inutiles* ; jamais les peuples n'ont
voulu se faire la guerre ; s'ils ont pris les armes très-souvent,
ce n'était que pour venger les querelles des rois. La société
n'aurait plus à réclamer, pour la sûreté et pour la police qu'une
gendarmerie, composée d'hommes d'élite, et les secours
d'une garde nationale, obligée seulement à des *services purement civils*. Voilà l'organisation *seule* qui convient aux intérêts de la société et qui mettrait un obstacle insurmontable au
despotisme des rois. (Je vous supplie de faire la plus grande
attention à ces réflexions ; il ne saurait en être de plus importantes.)

Les rois, dans tous les tems, ont voulu asservir les hommes, et dans tous les tems, les hommes se sont présentés trop
faciles à subir le joug des rois. Semblables aux bêtes de
somme, ils viennent d'eux-mêmes s'offrir pour qu'on leur
mette le collier. Quel exemple plus frappant de cette basse
servitude, et plus dégradant pour le caractère français, que
celui que nous avons sous les yeux ? après une révolution
faite pour repousser l'arbitraire, voyez avec quel empresse-

ment le Français court au-devant d'un nouveau joug, cent fois plus pesant que celui qu'il venait de briser. Voyez cette garde nationale se laisser assujétir à une discipline aussi sévère que celle à laquelle sont soumises les troupes de ligne, et être obligée de passer des revues, de faire l'exercice, de monter des gardes, de parader dans les rues, selon les caprices du prince, ou de la police. Un ordre est-il donné pour passer une revue ou pour monter une garde, malheur à l'individu que ses affaires appellent ailleurs ou retiennent dans ses foyers. Un conseil de discipline inscrit son nom, et la prison est la peine à laquelle il est condamné. A-t-il, par mégarde, oublié l'heure, une indisposition subite le force-t-il de quitter un instant le poste ? encore la prison, toujours la prison ! Voilà les résultats des promesses de *l'élu de votre choix* ! voilà pour les camarades les fruits des pleines mains et de *la Charte vérité* !

N. 31.

Il semble en vérité qu'on cherche à tout dégrader et à tout avilir aujourd'hui ? Jusqu'à notre armée ! Certes il ne peut en être une plus brave dans tous les tems et une plus belle en ce moment, puisque l'élite de la jeunesse la compose. Que de tels soldats aient une citadelle à emporter, des fortifications à ériger, aucun ne reculera devant de tels travaux : ils les rendront à gloire ; mais se voir employer comme des manœuvres à percer des routes, c'est à quoi une armée de braves ne se soumettra jamais.

Si nous examinons en outre, cette injure de l'arbitraire envers l'armée sous le point de vue du droit et de la justice, il n'en paraîtra que plus révoltant.

1°. La conscription enlève à leur famille les enfans de toutes les classes ; ils marchent consolés, parce qu'ils croient se dévouer à la défense de la patrie, mais aucun d'eux ne se serait courbé à l'emploi de pionniers et à la destination de remplacer des forçats, sinon chargés de fers, néanmoins enchaînés par la discipline militaire, et forcés, bon gré mal gré, de travailler comme des esclaves.

2°. Comment le ministre de la guerre a-t-il pu penser que des officiers se laisseraient transformer en *commandeurs*, qui, le fouet à la main, font piocher des nègres, et a-t-il pu pousser plus loin l'oubli du caractère d'officiers français que de les gratifier d'un ou de deux francs par jour, selon leur grade, pour remplir un aussi vil emploi? En vérité, dans cette circonstance, M. le comte Gérard s'est montré bien peu imbu des points d'honneur et de délicatesse du soldat et de l'officier français.

N. 3₂.

Un second bienfait, peut-être même encore plus grand envers la race humaine, ne serait-il pas de mettre un terme à l'influence romaine dans tous les pays où l'ambition de la tiare est parvenue à l'établir, et ne serait-ce pas, en même tems, rendre au christianisme le poids qu'il a perdu dans l'esprit de tout homme éclairé et pieux? La supériorité de la religion chrétienne est dans la pureté de la morale et dans la charité chrétienne, et pour les princes de l'église dans l'abstinence des jouissances mondaines : or, à coup sûr, ce n'est pas dans leur palais qu'on retrouvera aucune trace de la vie des premiers apôtres.

C'est dans les prêtres du second ordre que l'on doit chercher aujourd'hui la pratique des devoirs et des vertus ecclésiastiques. Rendez-les indépendans de la suprématie de Rome ; autorisez le mariage des prêtres, vous en ferez de bons citoyens, et vous verrez bientôt disparaître la superstition et le fanatisme, ces deux plus grands destructeurs de la religion et du bonheur de l'homme.

La plus sage politique tracera à Henri cette ligne de conduite. Il ne peut se dissimuler que c'est aux travers de l'esprit prêtre et à l'empire que les Quélens et les Latils avaient su

prendre et exercer sur la faiblesse d'esprit de Charles X , que
cet infortuné prince et sa famille ont dû l'indifférence et
l'abandon des Français, et que le plus grand obstacle qui s'op-
pose à son retour est la crainte de voir revenir avec lui cet
esprit infernal , si justement abhorré de nos jours.

N. 33.

Depuis 15 ans je n'ai cessé d'annoncer que l'heure de la
régénération de l'espèce humaine était venue et que la France
en allait servir de modèle à tous les peuples. Il n'a tenu qu'à
Charles X d'être le plus grand des Rois ; il n'a dépendu que
d'un meilleur jugement de sa situation et de l'époque pour
rendre Louis-Philippe le bienfaiteur des peuples ; le plus
puissant monarque de l'univers. Puisse Henri le devenir et
élever la France au plus haut degré de gloire et de puissance.

N. 34.

Je sollicite l'indulgence pour le style ; je ne connais point
l'art d'écrire : mais mes opinions sont pures , et si j'attire les
réflexions de mes lecteurs sur les divers sujets que je viens de
leur présenter, j'oserai espérer ne l'avoir pas fait sans utilité.

N. 35.

Il n'est aucun doute que la liberté de la presse ne soit le
premier rempart de nos droits , de la liberté et des lois; mais
qui pourrait être assez aveugle ou assez de mauvaise foi pour
disconvenir, en même tems, que l'emploi que les journalistes
ne cessent d'en faire en France ne soit la plus grande des
calamités qui puisse fondre sur une nation. Ce ne sont
point des publicistes indépendans, qui ont à cœur l'intérêt
de la morale, la gloire de la patrie, le bonheur de l'homme,
qui dirigent ces sortes de publications ; ce sont , pour la plupart, des écrivains salariés , qui font de la politique d'après
leur intérêt personnel, et qui n'ont en vue que des spéculations
d'argent. Les uns sont vendus ou se prostituent à un parti,
les autres en embrassent un opposé : il en est qui se disent im-
partiaux, et ce sont , en général , ceux dont la lecture est la

plus dangereuse, parce que le lecteur est moins sur ses gardes contre leurs artifices, qu'ils sont secrètement vendus à l'autorité et ne paraissent lui être opposés que pour mieux seconder ses vues.

Le journalisme est incontestablement une profession honorable, protectrice, bienfaitrice, dont des spéculateurs ont fait en France le plus méprisable et le plus pernicieux des métiers. Ce sont de vrais foyers de haine, de constans flambeaux de discorde, d'incessantes fabriques de mensonges et de calomnies. Le lecteur qui ne lit qu'un journal, ne peut que finir par être imbu de l'esprit de parti qui préside à sa rédaction ; celui qui en lit deux, écrits dans un sens opposé, ne sait le plus souvent auquel entendre. S'il prend lecture de plusieurs autres, son esprit, absorbé par ces galimatias de toute espèce, sort, pour ainsi dire, ébêté par une confusion d'idées dont il ne sait plus comment se dépétrer.

N. 36.

L'égoïsme, le plus grand ennemi de la société, paraît s'être étendu en France dans toutes les classes et dans tous les cœurs. Nous devons l'accroissement de ce desséchement, si contraire à la nature, à plusieurs causes.

1º. Aux temps les plus désastreux de nos révolutions, où l'attente de la mort rendait chacun indifférent sur l'assassinat de son voisin ; il le voyait conduire à l'échafaud, et se tenait coi dans sa maison : le lendemain les mêmes bourreaux venaient l'en arracher.

2º. La rupture de tous les liens, et de certains préjugés même, qui exerçaient un grand pouvoir dans les familles et sur la société.

3º. L'avidité qui s'est introduite dans toutes les classes et presque dans tous les cœurs. Où existe-t-il du patriotisme aujourd'hui ? qui sacrifie le moindre intérêt personnel au bien public ? Quel Français enfin ne doit pas être honteux de l'apathie avec laquelle la nation se courbe sous un joug semblable ?

N. 37.

Oui, je fus le partisan zélé du duc d'Orléans, dans l'espoir où j'étais qu'il allait élever la France au plus haut degré de gloire, de puissance et de prospérité, et donner le mouvement à la régénération de l'espèce humaine ; je serais encore l'un de ses ardens prôneurs, s'il n'eût déçu mon espoir.

N. 38.

Après tout ce que nous avons entendu de discours, vu de salutations et de courbettes de toutes les espèces, etc., dont l'énumération deviendrait une répétition superflue, vouloir jouer du Louis XIV, dans des voyages fastueux, en vérité c'est pousser l'illusion par trop loin. Ne se pourrait-il pas que le but secret de ces voyages inattendus, ainsi que l'étalage de ces 11 voitures à six chevaux, dans les promenades de la forêt de Fontainebleau, n'eût été de détourner l'attention sur le voyage dans le midi de la France, auquel on eût cru plus prudent de ne pas s'aventurer ? Distraire, éblouir, dissimuler sa peur sous les dehors du luxe, de l'éclat et de la sécurité, ne serait pas le tour le plus maladroit de tous ceux qui ont précédé.

N. 39.

Ici les faits sont inutiles à rapporter ; chacun les a présens à sa mémoire. Comment les Français peuvent-ils ne pas être honteux d'eux-mêmes, en contemplant l'excès de leur aveuglement et de leur avilissement ?

N. 40.

Que chacun se retrace les faits, les méfaits, les forfaits depuis quatre ans, j'en appelle à la voix de la conscience de tous les Français ; où, quand, en quel lieu vit-on jamais une nation plus aveuglé et plus complètement mystifiée ?

N. 41.

Fût-il jamais une double trahison plus évidente ?

N. 42.

Tout en dénonçant à la France la conjuration de Louis-Philippe d'Orléans, et m'étant servi, dans nombre de passages, des expressions les plus fortes, ne voulant jamais m'écarter de ma soumission envers la loi, je l'ai dit nombre de fois et je le répète encore, mes expressions ne s'adressent qu'aux actes et jamais à la personne. Si son conseil fût l'auteur de ces actes, c'est sur son conseil que j'entendis et que j'entends frapper; mais, si ce fût de son autorité suprême qu'ils émanèrent et que les ministres n'aient été que les exécuteurs de ses ordres, loin de rétracter aucune des expressions les plus fortes dont j'ai pu me servir, je voudrais en connaître de plus expressives encore pour lui témoigner, *personnellement alors* l'excès de mon plus profond mépris.

N. 43.

Mille exemplaires de cette dénonciation avaient été remis, le 19 mars dernier, à tous MM. les membres de la chambre des Pairs et des Députés, aux ministres, etc. La note suivante fera connaître jusqu'à quel degré la dissimulation et le silence ont été p rtés.

N. 44.

Je prie le lecteur de vouloir bien excuser la longueur de cette note qui paraîtrait m'être personnelle, mais dont le contenu mérite son attention ; Voici le fait :

Le Figaro, journal qui passe pour être l'aboyeur du cabinet du fameux Gisquet, avait inséré le 30 mars dernier une longue diatribe sur moi, intitulée la conjuration du marquis de Chabannes en patois rimé.

Profitant de cette circonstance pour obtenir la publicité qu'il paraissait que les journalistes étaient déterminés à me refuser, je fis aussitôt signifier à l'éditeur du Figaro, conformément à l'art. 11 de la loi du 25 mai 1822, qu'il ait à insérer la réponse que je lui adressais, et sur son silence, je l'avais fait citer en police correctionnelle. La cause ne fut appelée que le 6 mai devant la sixième Chambre.

Je me bornai, la loi à la main, à en réclamer l'exécution. Je passe sur les détails sans intérêts, et je tire de la Gazette des Tribunaux du 7 mai les deux citations suivantes :

1°. M. l'avocat du Roi : « Il s'agit de savoir si M Roque-
» plan devait ou ne devait pas refuser l'insertion de la réponse
» de M. le marquis de Chabannes, et la question nous paraît
» suffisamment tranchée à la simple lecture de cette phrase
» contenue dans cette réponse :

» La conjuration de Louis-Philippe d'Orléans contre
» la France, dénoncée à la France par le marquis de Cha-
» bannes, avec cette épigraphe :

« Quousque tandem, Catilina, abutere patientia nostra.

» Il est évident pour nous (le ministère public) que cette
» phrase contenait un délit d'offense contre la personne du
» Roi, et comme en droit, etc. »

2°. Le tribunal, après en avoir délibéré, a rendu le juge-ment suivant :

« Attendu que si Chabannes a sommé le gérant du journal
» le Figaro d'insérer une réponse à l'art. du 30 mars der-
» nier, dans lequel il était désigné, cette réponse était de
» nature à entraîner contre le gérant des poursuites, à raison
» du délit d'offense contre la personne du roi. »

Faites, je vous prie, attention aux conséquences suivantes :

1°. C'est M. l'avocat du roi qui déclare qu'il y a un délit d'offense envers la personne du roi, commis par moi.

2°. C'est le tribunal qui le reconnaît et le déclare pareille-ment, et, néanmoins ; en vain ai-je sommé M. l'avocat du roi d'en prendre acte et de me poursuivre ; en vain l'en ai-je publiquement défié dans les termes les plus expressifs ; en vain ai-je élevé la voix avec toute la véhémence que l'indignation m'inspirait, M. le président me dit qu'il se verrait forcé de m'imposer silence si je continuais; et par respect pour le tribunal je cessai et me retirai.

N. 45.

Ils se garderont bien de me traduire devant un jury. Les vérités qui retentiraient sur toute la France deviendraient leur arrêt définitif; ils savent en outre qu'ils ne pourraient trouver une seule voix pour me déclarer coupable.

N. 46.

Est-il rien de plus fort, de plus patent? Voyez à quel degré le vice tremble devant la voix de l'honneur et de la vérité! Mais en vain se sont-ils flattés de se réfugier et de se barricader dans l'antre du plus honteux silence, tôt ou tard je finirai par les forcer d'en sortir ou par les anéantir sous le poids de la honte et du mépris.

N. 47.

Je l'enverrai à tous les mêmes journalistes, tant de Paris que des départemens; le lecteur en est prévenu. Braveront-ils aussi la honte du plus dégradant des silences? ou reconnaissant leur erreur, et revenant à la droiture, à leur devoir envers leur profession, envers eux-mêmes, m'accorderont-ils enfin un loyal et franc appui? Dans ce cas :

Abjurant leur erreur, j'abjure mon courroux.
Il faut nous réunir pour le salut de tous.
Carrel, Marast, Sarrut, et vous tous patriotes,
Vous qui, j'en suis certain, ne voulez que le bien ;
Croyez-moi, vers Henri tournez chacun vos votes,
Et de ce jour-là même, Orléans n'est plus rien.
Écoutez votre cœur, écartez l'amour propre;
C'est lui seul qui pourrait, à tout langage impropre,
Contre un prince innocent, vous porter désormais;
La loi seule régnant, vous serez satisfaits.

Faites la plus sérieuse attention, je vous en conjure au nom de votre patriotisme, au nom du salut de la patrie, qu'en persistant dans vos erreurs, vous achèverez sa ruine, et vous la livrerez aux plus dégoûtant et plus révoltant des despotismes. C'est vous donc qui, prenant une fausse route pour arriver à la régénération de l'espèce humaine, au moment même où elle peut si facilement s'opérer, retarderiez peut-être pour des siècles les bienfaits de l'ère nouvelle qui pour nous allait s'ouvrir, et dont nous eûssions servi de modèle au monde entier. Et vous non moins égarées, feuilles légitimistes, vous qui voulez toujours voir les Bourbons et la royauté dans leur éclat passé, ouvrez donc enfin les yeux sur la non moins fausse ligne que vous suivez. Depuis 1789, 45 années se sont écoulées, trois nouvelles générations sont nées imbues de tous les préjugés contre les Bourbons, et par une espèce de fatalité, il semb'e que Louis XVIII et Charles X ne soient revenus que pour les augmenter. Voilà la vérité : le tems est passé où les rois peuvent être regardés comme des divinités et inspirer aux peuples le même respect et la même vénération qu'aux générations qui nous ont précédé. Abandonnez donc ce langage de flagornerie et d'insipides louanges qui ont en grande partie causé la perte de Charles X, en le repaissant d'illusions. Un nouvel ordre de choses doit naître inévitablement pour l'avenir.

L'intérêt de la France aujourd'hui est d'offrir la couronne au duc de Bordeaux, par les motifs que j'ai développés dans les notes précédentes ; faites-les valoir, vous le servirez bien plus utilement qu'en représentant des droits que l'esprit du jour n'est nullement disposé à lui reconnaître, ou en en appelant à des sentimens que la conduite de Charles X a fini d'éteindre. Après son abdication, ainsi que celle de son fils, qui pourrait en avoir conservé d'autres pour eux que ceux de l'oubli.

N. 48

Ah ! qu'elles étaient faites ces lettres pour exciter leur pa-

triotisme! mais , hélas! aveuglés et entraînés par l'esprit de
parti qui les dirige et nousperd, ils ont, des deux côtés, cherché à étouffer le langage de la vérité. Je n'en place pas
moins mon espoir dans un honorable retour sur eux-mêmes.

N.49

Abjurez des partis les funestes erreurs ,
Prêchez la vérité ; pénétrez-en les cœurs.
De mensonges impurs ne souillez plus la presse,
Dirigez tous vos traits contre qui nous oppresse.
Tout Français, en ce jour, d'un mutuel accord ,
Sur l'ennemi commun doit tourner son effort.
Il s'agit avant tout de sauver la Patrie,
Et s'il le fallait même au dépens de sa vie!
Sur tous vos faux travers quand mon cœur a gémi ,
Pourquoi m'avez-vous vu sans cesse en ennemi ?
Quand je vous écrivis, je vous parlais en frère :
Deviez-vous rejeter une telle prière ?
Je reviens de nouveau, malgré tout mon ennui,
Réclamer près de vous un franc et pur appui.
Dois-je pour l'obtenir vous déclarer encore
De quel parti je suis et quel drapeau j'arbore?
Vous devez le savoir par les nombreux écrits
Qui par moi chaque fois vous ont été transmis.
En termes plus formels, je vais vous le redire ,
Espérant qu'à la fin vous voudrez le transcrire.
Je suis anti-carliste , anti-républicain ,
Et cent fois plus encore un anti-philippiste ;
Étant de cœur et d'âme ami du genre humain,
Je dois des trois partis être l'antagoniste.
Je veux la liberté : que le sceptre des lois
Gouverne également les peuples et les rois.
Je veux voir disparaître à jamais l'arbitraire;

Il a fait trop long-temps le malheur de la terre.
Je veux voir en tous lieux dominer la raison,
Et que les préjugés habitent Charenton.
Je veux y renfermer ce perfide esprit prêtre,
Qui sur le genre humain voudrait régner en maître.
Je veux enfin que l'homme, à lui-même rendu,
Sache que le bonheur n'est que dans la vertu,
Et que la vérité, cet astre tutélaire,
Dissipant les erreurs vienne éclairer la terre.
Journalistes ingrats, les voilà sans détour
Mes sentimens payés d'un si cruel retour.
Ici publiquement c'est vous que j'interpelle;
A des accens si purs qui resterait rebelle:
Le salut de la France est dans la vérité,
Et de la vérité naîtra la liberté.
Que par la liberté la France enfin respire
Pour l'y consolider que tout en nous conspire !
Jurons de vivre unis sous de nouvelles lois,
Qui du peuple et du roi régleront tous les droits.
Voilà le noble but que nous devons atteindre :
Le succès nous attend, si nous voulons éteindre
De l'horrible discorde aujourd'hui les brandons,
En nous réunissant sous le chef des Bourbons.
Quand l'esprit de parti sans cesse nous égare,
Henri devient le seul et véritable phare
Vers lequel à l'envi nous devons tous cingler :
C'est le port du salut qui doit nous rassembler.
De nos républicains, quelle aveugle jactance
De dire qu'ils seront le salut de la France !
Quel est celui d'entre eux, s'il est de bonne foi,
Qui ne doit avouer que ce n'est qu'à l'effroi,
Que la France nourrit du républicanisme,
Qu'Orléans seul a dû l'impudent despotisme

Dont il sut s'emparer à la honte de tous,
Et qu'il compte exercer à l'avenir sur nous.
. . . .

N. 5a.

Voilà où le désespoir de voir la France réduite à tant d'avilissement, de dégradation, de déshonneur, m'avait dé-terminé ; et si j'eusse touché quelques fonds qui auraient dû m'avoir été soldés depuis long-temps, honteux de la dégénération des Français, dans tous les rangs, dans toutes les classes, je ne serais probablement plus dans ces lieux.

Mais, quelle étrange destinée est la mienne ! Lorsque je croyais avoir terminé ici mes adieux, tout à coup, en relisant le manuscrit, une lueur d'espérance vient frapper mon esprit : je vais lui laisser suivre son cours.

NOTES DE LA SECONDE PARTIE.

N. 1.

Marchons plus que jamais avec toute assurance ;
Mon destin s'accomplit : je sauverai la France !

N'en doutons plus, nous allons commencer la nouvelle ère que j'avais tant de fois annoncée. Dussé cet espoir être encore un leurre, ah ! qu'il m'est doux de m'y livrer !

N. 2.

Lorsque notre esprit est fortement préoccupé d'une idée , alors elle domine toutes les autres et les absorbe entièrement ; toujours cette même idée se présente, et pendant la veillée et durant le sommeil. Dans cet état, sans attribuer ces effets à une inspiration réelle, ce qui serait sans doute de l'égarement, notre imagination peut quelquefois se permettre de les regarder comme venant d'une source surnaturelle.

Depuis plus de 16 ans j'ai conçu l'idée d'un plan de réforme pour l'espèce humaine. Dès les premiers âges du monde l'homme a été entraîné dans la voie de l'erreur par diverses causes que j'ai développées dans les chap. 3 et suivans d'un ouvrage que je publiais en 1829. Je me bornerai à rappeler les titres de ces chapitres.

CHAPITRE IV.

Première source de nos erreurs. — Le faux et mauvais prêtre.

L'orgueil et l'intérêt créèrent les faux dieux ;
L'orgueil et l'intérêt ont souvent séduit Rome ;
Et pour les assouvir le prêtre ambitieux
Sacrifîra toujours et ses devoirs et l'homme.

CHAPITRE V.

Seconde source de nos erreurs. — Les gouvernans et non les gouvernés.

La feuille par la branche à la sève est conduite,
Et la branche du tronc reçoit tout ici bas :
Quel axiôme fut jamais plus explicite ?
Le bien, comme le mal, vient donc des Potentats.

CHAPITRE VI.

Troisième source de nos erreurs.

Les égaremens, les passions, les vices et les intérêts des classes supérieures, dont les priviléges furent les fruits de la force ou de l'abus du pouvoir ; et ne se sont maintenus jusqu'à nos jours, dans leur usupation, que par

le manque d'une législation saine, concourant à remplir
les vues manifestes de Dieu dans la création de l'es-
pèce humaine.

Lorsque le privilége a pour but l'intérêt,
La justice en prescrit la réforme totale :
Mais s'il tient à l'honneur ou bien à la morale,
Loin d'être une injustice, il devient un bienfait.

J'ai reproduit ici ces trois titres pour que le lecteur sache que ce n'est pas sans la plus intime conviction que j'ai énoncé l'heure de la régénération de l'espèce humaine, et que ce n'est que sur les bases les plus solides que j'établis mon système.

En vain ai-je fait tous mes efforts auprès de Louis XVIII et de Charles X pour en être écouté. Pour le premier, les favoris ; pour le second, de mauvais prêtres sont parvenus à leur faire concevoir les plus faux préjugés contre moi.

A la venue de Louis-Philippe, me confiant à la réputation de ses vertus privées, je crus que, connaissant les bienfaits de la liberté qu'il avait été à même de voir en Suisse, en Amérique et en Angleterre, ainsi que les travers de l'arbitraire et les horreurs du fanatisme dont il avait eu les tableaux sous les yeux à Naples, en Espagne et à la cour de Charles X, je crus, dis-je, que nous allions trouver en lui les lumières de la raison, la sagesse du philosophe, le bienfaiteur de l'humanité. — Que mon erreur fut grande : aussi mes yeux n'eurent-ils pas besoin de huit jours pour être dessillés.

N. 3.

Je pense que les 19 20mes des hommes en France préféreraient cent fois le duc de Bordeaux à son oncle le duc d'Orléans, s'ils croyaient que son retour s'opérât sans secousse, et surtout sans retomber dans les horreurs d'une révolution ;

mais je n'hésiterai pas à affirmer qu'il ne se trouverait pas une française sur mille qui n'élevât la voix en faveur de Henri. Je les mettrai donc dans la confidence de mes vœux, et m'adressant à elles, je leur dirai : vous voyez à quel point tous les sentimens les plus honorables s'éteignent parmi-nous; vous gémissez de voir à quel degré les français se courbent sous le plus humiliant des despotismes ; c'est à vous aujourd'hui à donner l'exemple de ce qui est noble et grand :

Chantez, répétez, prônez, mettez à la mode cette chanson, elle fera plus d'effet que de longues dissertations que probablement on ne lirait pas. Chacune de vous peut faire éclater des milliers de voix en faveur de Henri, et à qui appartient-il plus qu'à vous d'être les défenseurs de l'innocence et de la vertu.

Quel est le lieu de réunion où l'on ne recevrait avec délices l'espoir de l'abolition de la conscription ? quelle est la famille qui n'appellerait de tous ses vœux un prince qui apporterait à la France un bienfait si étendu ? quel est l'adolescent qui ne bénirait d'avance la sécurité de pouvoir se livrer désormais à ses études, aux arts, à un métier, en un mot, à la carrière qu'il voudrait embrasser ? quelle est la mère, la sœur, la voix, dans la France entière, qui ne couvrirait Henri de toutes les bénédictions ? eh bien ! à coup sûr, s'il revient, ce bonheur se réalisera. Veuillez de plus considérer que Henri est le seul prince qui puisse entreprendre l'abolition de ce système barbare, soit par des négociations, soit, au besoin, par son puissant appui. Précédé par une telle déclaration, quelle est la nation où tous les cœurs ne voleraient au-devant de lui.

N. 4.

Ici, c'est à toutes les classes que je dirai : Quel peuple fut jamais plus privilégié dans tout sur la terre que le Français ? Les Sully, les Fénélon, les Bayard, les Duguesclin, les

Henri IV, « *que ne suis-je sans vie ou sans amour* » (deux heures après il gagnait la bataille d'Ivry, pardonnait et rendait le bonheur et le repos aux Parisiens) ; les Montesquieu, les d'Aguesseau ; en un mot, les mille et mille génies, dans les sciences, les arts, les lettres et la philosophie que la France à produits, n'ont-ils pas surpassé le nombre des êtres les plus distingués dans tout autre pays ?

Quel était celui de vous, ô mes compatriotes, qui ne se sentait fier d'être né Français ? Quel est celui de vous aujourd'hui qui, dans le fond de son cœur, ne s'en sente humilié ? Je m'en rapporte à vous-même ; et si je vous porte à réfléchir, ce ne sera point en vain que je vous aurai dit : « A tel prix que ce soit, il faut nous arracher à tant d'ignominie ! »

Cette jeunesse, dont Louis-Philippe veut en vain arrêter l'essor, n'est-elle pas imbue des sentimens les plus honorables et les plus élevés ? Ce peuple lion dans le combat n'a-t-il pas prouvé après la victoire, par sa magnanimité et par sa rectitude, qu'il n'est pas aussi dépravé que ceux qui veulent le faire passer pour tel à la nouvelle cour des Tuileries ?

Ah ! revenons à nous-mêmes ; nous avons trop perdu depuis quatre ans, pour continuer plus long-temps dans cette route de dégradation, de dégénération et d'avalissement.

N. 5.

Et qu'importe le lieu qui les reçoive, pourvu que la France en soit à jamais délivrée ? Gardons-nous de souiller par aucun esprit de vengeance le retour dans la voie de l'honneur !

N. 6.

Ne dirait-on pas une bande de pitoyables baladins, bafoués, honnis, allant s'enfouir dans la mare de la corruption d'où ils sont sortis ? Mais la Charte nous restera, ou plutôt une nouvelle s'en suivra qui établira les droits de la nation sur des bases inaltérables. Quant à Henri, resplendissant de

gloire par *ses concessions volontaires*, il ne reviendra que
pour consolider nos libertés et nos droits.

N. 7.

Je l'ai déjà démontré : les rois n'auront bientôt plus d'autre choix ; *l'abolition de la conscription frappe de mort le
despotisme.* Bon gré mal gré, tous les potentats seront forcés de nous imiter, et tous les peuples recouvreront successivement la liberté et leurs droits sacrés et imprescriptibles.
Tout changera bientôt après sur la surface de la terre, et les
Français en seront bénis à jamais. Voilà où nous conduirait
la marche que je vous présente, et que le patriotisme et la sagesse doivent concourir à vous porter également à suivre.
Je sollicite vos plus sérieuses réflexions sur ce sujet.

N. 8.

O mes compatriotes ! quel est celui de vous qui, dans une
telle perspective, ne doit tressaillir de joie et d'orgueil d'être
Français ? Quel est celui qui pourrait être assez ennemi de
lui-même et de la patrie pour ne pas immoler à un avenir si
glorieux tout écart de l'amour-propre, tout esprit de division, toute impression de rancune et d'animosité. Oh ! oui, hâ-
tons-nous de séparer par une muraille les souvenirs du plus
triste passé, et lançons-nous du plus parfait accord dans le
brillant avenir qui s'ouvre devant nous.

Royalistes exagérés, vos devoirs, ainsi que je vous l'ai
exposé, sont changés : ce sont deux rois légitimes qui ont
eux-mêmes anéanti les droits que leurs ancêtres avaient
graduellement usurpés, et qui, par leur faiblesse ou leur
ineptie, et non moins par leur ingratitude, ont perdu tous
leurs titres à votre dévouement et sur votre fidélité : le retour
de Henri doit vous satisfaire. Mais soyez les premiers,
croyez-moi, à vous prononcer pour que Henri et les rois ses
successeurs ne soient plus considérés désormais que comme

remplissant les fonctions du pouvoir éxécutif, et concourez à l'envie à élever des barrières qu'ils ne puissent outre-passer.

Et vous, républicains purs (j'aime à le croire), mais non moins égarés, ouvrez enfin les yeux sur les dangers de votre système, et considérez dans quelles nouvelles calamités il finirait indubitablement par nous entraîner. Puisqu'il vous est démontré aujourd'hui que les 19 20mes des français ne veulent pas être en république, voulez-vous donc, dans votre aveugle persévérance, *devenir les tyrans de cette masse immense qui vous repousse?* Pour y parvenir, tant purs que soient vos sentimens en ce moment, ne voyez-vous pas que vous seriez bientôt entraînés malgré vous à recourir à la violence et à la terreur, et que les plus calmes d'entre vous se verraient bientôt débordés par de plus exagérés, et successivement par de nouveaux forcénés. — Je vais vous en donner une preuve sans réplique : la Tribune est-elle dans les mêmes opinions que le National, et n'y a-t-il pas d'autres journaux plus immodérés encore que la Tribune? Ne voyez-vous pas en même temps, les uns et les autres, que vos incessantes diatribes sont des flambeaux de discorde, des torches de haine, les brandons sanguinaires de la guerre civile... J'en appelle en ce moment à votre cœur; il vous rappellera a vous-même et vous arrachera à vos égaremens : aucun de vous, j'en suis certain, ne désire l'anarchie, et encore moins les excès qui en deviendraient inévitablement la suite; ouvrez-donc les yeux sur le précipice où vous nous conduiriez.

Faites, je vous prie, attention aux réflexion suivantes :

Que serait désormais un roi lié par ses sermens à l'exécution des lois, mais ne pouvant plus s'en écarter ni les enfreindre; ayant une liste civile honorable mais modérée; que serait, dis-je, un tel roi, sinon, sous une autre dénomination, un véritable président? que serait une charte fonda-

mentale qui poserait des barrières que le pouvoir ne pourrait outre-passer ? sinon les lois qui régiraient une sage
république. Empressez-vous donc aussi à offrir au salut de
la patrie le sacrifice de vos exagérations. N'auriez-vous
donc pas obtenu par là tout ce que vous pouvez raisonna-
blement désirer ?

Et vous, philantropes insensés qui poussez encore plus
loin vos délires, quel est votre système d'égalité ? sinon : en
administration, les sources de la plus complète anarchie et
le retour inévitable à 93 ; et qu'est-il, à l'égard du nivelle-
ment de la société ? sinon la chimère de l'impossibilité.

Je commencerai par établir que l'égalité n'existe pas dans
la nature, et pour exemple je vous citerai : deux arbres semés
ou plantés le même jour sur un même sol ; l'un s'élevera aux
nues, tandis que l'autre n'atteindra jamais sa hauteur. Ensuite je vous présenterai deux enfans nés du même père et
de la même mère : l'un sera parfois un Apollon, l'autre un
Ésope ; l'un un génie, l'autre un idiot ; l'un dissipera sa for-
tune, l'autre amassera des richesses. Si nous étions tous
également riches, nous serions réduits à marcher sans souliers
et à faire notre pain.—Il serait superflu de cumuler les argumens. Ces faits sont sans réplique.

Vous pouvez donc être d'honnêtes fous, messieurs ; voilà ce
que je puis seul vous accorder. Mais n'y aurait-il pas, parmi les
prôneurs de votre système, un grand nombre qui ne serait mu
que par la plus sotte vanité ? par exemple, quel est celui qui se
dit le plus antiché de la plus parfaite égalité, et qui admettrait
à sa table ou à ses côtés la classe au-dessous de lui, selon le
rang plus ou moins élevé qu'il occupe dans la société ? allez
chez la plupart des banquiers, vous les trouverez humbles
et empressés auprès des grands capitalistes ; avec quelle hauteur ne répondront-ils pas à l'infortuné qui viendrait leur
demander quelqu'assistance. Vous les verrez chercher à être

admis à la table des grands; inviteront-ils de simples mar-
chands à la leur, et aux fêtes dans lesquelles l'orgueil ré-
pand tout avec profusion? passez ensuite chez un bourgeois
plus ou moins fortuné; admettra-t-il dans sa société un
homme de métier? un manufacturier, ses ouvriers? un
simple artisan, une poissarde ou un décroteur? après ce
petit nombre de citations, sans commettre aucune injustice
envers ces aboyeurs du système de l'égalité, je crois pouvoir conclure en les envoyant au quinze-vingt ou aux petites
maisons.

Avant de terminer cette note, je crois devoir encore m'a-
dresser à ces dégoûtans écrivassiers qui tirent à gloire les as-
sassinats de Louis XVI et de son infortunée famille; qui ne
cessent de calomnier madame la duchesse d'Angoulême,
cette quadruple martyre, dans son père, sa mère, sa tante et
son frère, et à laquelle il semble que des monstres ne lui auraient laissé la vie que pour prolonger son supplice : elle n'a
pas même la consolation de voir le Français sensible à ses incessantes douleurs ; elle! cet ange de toutes les vertus, qui ne
cesse d'invoquer le ciel en faveur de ses ingrats persécu-
teurs. O France! ô Français! jusqu'à quel degré ces vils
aboyeurs, aussi atroces qu'irréfléchis, ne vous dégradent-ils
pas, pour ainsi dire chaque jour, dans leurs horribles éloges
de la plus féroce et de la plus sanguinaire des révolutions.
Ah! bannissons, bannissons a jamais ces affreux souvenirs, et
ne songeons tous qu'à la gloire et au bonheur de l'avenir!

N. 9.

Voilà ce que chacun de nous doit se dire, de quelque opinion qu'il soit. Il faut mettre un terme à nos révolutions, et
le seul moyen d'en arrêter le cours est le rappel du rejeton
légitime de la branche aînée. Le duc d'Orléans et sa lignée
ne peuvent qu'entretenir continuellement la division parmi
nous ; tandis qu'avec Henri, non-seulement tout prétexte

de rivalité et d'animosité disparaît, mais même c'est avec lui et par lui que nous pouvons consolider et assurer de plus en plus toutes les institutions que la France désire et qui doivent être les fruits de la raison et de l'expérience, et la justification, en quelque sorte, de la révolution.

N.' 10.

Quel est le Français qui ne bénit encore la mémoire d'Henri IV aujourd'hui ? Quel est le cœur dans lequel son souvenir ne lui donne l'orgueil de son règne ? Henri V le surpassera sans doute encore ; il est si jeune, si pur, si avancé en tout pour son âge : sa gloire, son intérêt, disons-le, sa propre sécurité s'unissent pour que la France soit assurée de trouver en lui tout ce que l'honneur, la gloire, le bonheur du peuple, la nation entière peuvent souhaiter et le genre humain en attendre.

N. 11.

La voilà tracée cette voie ; il ne s'agit plus que de l'annoncer et de la faire connaître. Tous les efforts de Louis-Philippe et de ses adhérens seraient vains alors pour arrêter l'impression que la France en recevra et l'élan spontané qui doit s'en suivre.

N. 12.

Voilà ce que nous devons tous souhaiter. Loin de nous tout esprit de vengeance. Qui sait même si le duc d'Orléans n'a toujours eu en vue, dans le fond de son cœur, d'arriver à cette fin ? Il a peut-être pu se faire un monstre, bien plus grand qu'il ne l'était, des obstacles qu'il aurait à rencontrer, et ne prendre toutes ces voies détournées que pour mieux accomplir cet honorable dessein ? Je me plais à l'espérer, et je fais des vœux bien sincères pour que ses secrètes intentions, et, à défaut, de sages réflexions lui inspirent de se déclarer hautement le propagateur du retour de Henri. Il n'y rencontrerait pas le moindre obstacle, et, sans la moindre secousse, nous rentrerions dans la voie de l'honneur et du bonheur, et lui rentrerait pareillement dans celle de la gloire et de la sécurité. Tels sont aujourd'hui mes vœux pour lui-même.

Loin d'être personnellement son ennemi, quel ami plus sincère de sa gloire, de son repos, de toute sa famille pourrait lui donner un plus honorable conseil et former de meilleurs vœux pour lui? avec quel empressement, moi qui dénonce aussi hautement les actes et les faits et le poursuit aussi publiquement sous ce seul rapport, n'irais-je pas lui témoigner ma plus haute vénération pour un aussi noble retour à la vertu!

CONCLUSIONS.

Après quarante-cinq années de révolutions successives, pourrait-il exister un Français qui ne désirât d'en voir arrêter le cours?

Si tel est donc le vœu de tous, quel est celui parmi nous qui ne doit être disposé à faire quelque sacrifice d'amour-propre, d'anciens préjugés, et de tout esprit de parti trop prononcé pour parvenir à ce premier de tous les intérêts, lorsque le salut de la patrie et la fin de tous nos maux en dépendent.

Ces deux bases posées, séparons la révolution de juillet en trois époques.

Première époque.

Deux partis conspiraient depuis long-tems contre Charles X.

Le premier, celui du duc d'Orléans, qui visait secrètement au trône et dont les principaux affidés étaient le prince de T***, le comte G***, le baron P***, MM. Du*** et Bar***, quelques Pairs et Députés.

Le second, plus ouvertement déclaré, et dont les chefs prédominans, qui se disaient républicains, étaient sans accord entre eux. Nous n'en citerons que les trois plus notoires, savoir : le fameux héros des Deux-Mondes, qui s'est *si proprement* dénommé lui-même, *Gile I;* le vaniteux et ruiné banquier, qui, *non moins à propos*, s'est décoré du titre de *Niais II;* le troisième, le furibond et despotique inventeur du juste-milieu, qui passerait pour modéré aujourd'hui. Chacun de ces trois chefs comptait parmi ses affiliés un plus ou moins grand nombre des 221, qui étaient devenus les pivots des agitations projetées pour l'ouverture de la session prochaine.

Tels étaient les préparatifs et les vues des uns des autres, lorsque M. de Polignac, livré à toutes les infatuations des préjugés et de l'ignorance, égaré par *les exagérations des feuilles royalistes*, trompé par les rapports de la flagornerie, poussé et excité par cet infernal parti prêtre qui enflammait tous les alentours de Charles X et prédominait sur l'esprit de ce malheureux vieillard, lorsque M. de Polignac, dis-je, aveuglé, ébloui, ébêté par toutes ces causes, crut pouvoir faire un coup-d'état qui rendrait Charles X arbitre souverain de nos futures destinées.

Déjà les Latil, les Quélens et toute la prétraille jésuitique s'attendaient à étendre leur empire sur la France, lorsqu'une jeunesse intrépide, à la tête d'une populace courageuse, parvint, en trois jours, à renverser toutes les espérances du jésuitisme et jusqu'au trône même dont les ordonnances étaient émanées.

En un instant, M. de Polignac, le ministère, la coterie, la calotte, Charles X, le dauphin, tous, en un mot, perdirent la tête; il ne se trouva pas même parmi eux un seul homme qui eut le sens commun et qui montra la moindre fermeté. C'est ainsi, *à la lettre,* que cette révolution s'est opérée sans que ceux qui s'en sont emparés et qui s'en attribuent la gloire, non-seulement l'eussent prévue, mais même y aient eu la moindre part.

Cette révolution, ayant été provoquée par l'abus du pouvoir, *devint légitime,* et, la résistance n'ayant eu lieu, *du* côté *du peuple*, que dans le soutien et la défense des lois, elle devint honorable pour les combattans ; la magnanimité, après la victoire, seule la rendit glorieuse ; mais, bien entendu, pour les vainqueurs seulement, et non certes pour ceux qui, sortant de la cachette où ils s'étaient tenus renfermés durant le combat, prétendent aujourd'hui s'en attribuer le mérite. N'oublions pas qu'en aucun lieu le cri de la république ne se fit entendre, et que ce ne fut qu'au nom de la Charte que la jeunesse et le peuple combattirent et remportèrent la victoire ; oublions encore moins aujourd'hui que le duc d'Orléans ne fut accueilli, dans le premier moment, que parce qu'il se présenta comme le protecteur de l'inviolabilité de la Charte : ayant fait proclamer, cinq minutes avant sa rentrée au Palais-Royal, *que la Charte serait désormais une vérité.*

Dans les premiers jours il n'existait aucun esprit de parti. Les feuilles royalistes, abattues et interdites par l'abandon de Charles X et du Dauphin, et consternées par leur double abdication, se renfermaient dans la plus grande réserve sur les événemens. Les journaux républicains, à l'imitation de MM. Lafitte et de Lafayette, avaient adopté *Louis-Philippe*, au point même d'en être devenus les panégyristes ; et l'infernal parti prêtre, se voyant terrassé par la chûte de Charles X, que *lui seul* avait entraîné dans l'abîme, en serpent aussi souple que rusé, se glissait sous l'herbe pour y attendre le moment favorable de relever la tête (ce que le plus fourbe des tartufes n'a pas manqué déjà de faire dans toutes les occasions qui se sont présentées).

Je passe par-dessus les huit jours qui s'écoulèrent au milieu de toutes les jongleries, *les cochonneries* (qu'on me pardonne l'expression caractéristique des sous - entendus). La France entière en connaît les détails et sait que finalement, *le 9 août*, le duc d'Orléans fut proclamé Roi *par le petit nombre de pairs et de députés qui avaient trempé dans la conjuration,* auxquels s'étaient joints les soi-disant *incorrup-*

tibles républicains. Toutefois, la présidence de la chambre et la promesse de celle du conseil à l'un, le commandement en chef de la garde nationale à un autre ; nombre de ministères et de places au reste de la clique, leur parurent préférables à la stoïcité du républicanisme, et *surtout plus lucratif.*

Seconde époque.

Le duc d'Orléans ainsi parvenu à la couronne n'avait qu'une marche sage à suivre : elle était de convoquer de suite une nouvelle assemblée munie de pouvoirs *ad hoc* de la France pour valider son élévation, ainsi que pour apporter à la Charte fondamentale toutes les améliorations désirables : ce qu'il eut facilement obtenu dans les premiers momens, où la France entière, dégoûtée de toutes les moineries de Charles X, n'eut ressenti aucun regret de son éloignement. Il n'avait ensuite qu'à borner ses réformes aux charges composant la maison des princes fugitifs, à éloigner toute influence des prêtres, et à prendre et suivre les choses dans l'état où elles étaient, et, bientôt, royalistes et républicains se fussent rangés autour de lui. Tout devenait alors légal, hormis la légitimité, à laquelle, sauf le petit nombre de personnes dévouées à la famille de Charles X ou qui en recevaient des bienfaits, les dix-neuf vingtièmes de la population n'eussent attaché aucun prix. Telle était la marche simple et naturelle que la droiture et la clairvoyance lui indiquaient : malheureusement pour la France et pour lui-même, il n'eut pas le discernement de la prendre. Ce fut sans doute à l'épouvante qu'il eut de *son ombre*, et à la crainte que la France ne se déclarât contre lui, qu'il faut attribuer les écarts de toute espèce auxquels il s'est livré. Il en est résulté, à son égard, que, sans l'effroi et l'aversion que la France a du nom de République, Louis-Philippe n'aurait pas même une seule voix pour lui aujourd'hui ; et, *pour les Français,* que, au lieu de l'union tant à désirer qui fut devenue la récompense pour le duc d'Orléans, d'une conduite franche et ouverte, les divisions, les animosités, les haines ont redoublé et sont devenues plus fortes et plus invétérées que jamais parmi nous.

Troisième époque.

Cherchant à pénétrer tous les Français de la nécessité de nous arracher à l'affreux dédale dans lequel nous nous trouvons plongés, je veux éviter avec soin toute récrimination sur le passé : *nous ne pouvons faire que la révolution de juillet n'ait eu lieu, ainsi que tout ce qui est arrivé depuis;* voilà ce dont chacun doit avant tout se pénétrer; il faut donc nous résigner, tels dégouts que nous puissions avoir de la manière dont la France a été jouée, moquée, baffouée, pillée, trahie, durant les 4 années qui se sont écoulées, à les enfouir dans l'oubli avec les nombreuses révolutions antécédentes. Nous n'avons pas moins d'intérêt à éviter soigneusement d'en recommencer une nouvelle, qui ne pourrait que nous livrer à un esprit de parti non moins funeste ; soit que l'ancien parti prêtre déguisé sous le nom de légitimiste, l'emporte, ou que les rênes du gouvernement tombassent dans les mains des républicains, à coup sûr, des deux côtés, les divisions et les animosités ne feraient qu'augmenter, et nous retomberions dans un nouveau dédale, non moins déplorable que celui dont nous devons à tous prix nous arracher.

Dans ce cas, vont s'écrier les Orléanistes, pourquoi voulez-vous renverser le pouvoir présent qui contient les factieux, réprime les émeutes, poursuit les écarts de la presse, et vous donne un roi de votre choix qui sait régner, commander, et se faire obéir ?

Pourquoi, leur répondrais-je; — Parceque le duc d'Orléans élu par 229 députés et une poignée de pairs, n'a pas requis la confirmation de son élévation à la couronne; ainsi donc qu'il ne peut se dire le roi du choix de la France

que par une duplicité et un excès d'impudeur également in‑
tolérables.

Pourquoi ? ajouterai‑je encore, parcequ'il ne peut‑être un
état pire que celui des arbitraires d'une police atroce, du
régime des baïonnettes, de l'esprit de partialité de certains
actes des tribunaux ; parce que, la vénalité, la corrup‑
tion, la prostitution paraissent s'être étendues dans toutes les
classes d'administration ; parce qu'enfin cet état de choses est
le dernier degré d'avilissement et de dégradation pour le
caractère national.

Loin de moi de chercher à provoquer un nouveau boule‑
versement, tel porté que je serais en faveur du duc de
Bordeaux ; s'il fallait acheter aussi chèrement son retour,
ma voix ne s'éleverait un instant pour lui. Je ne plaide que
pour le maintien de la révolution de juillet, pour l'intérêt
de la consolider, et pour l'avantage d'en prendre le point
de départ, non‑seulement pour le bonheur futur de la
France, mais, à notre exemple, pour celui de la race hu‑
maine.

Cette révolution, ainsi que je l'ai établi, ayant été pro‑
voquée par des abus de pouvoir, et n'ayant été opérée que
dans la défense des lois, est devenue légitime ; la nation est
donc rentrée dans les droits imprescriptibles de tous les peu‑
ples, à la conservation desquels elle doit attacher le plus
haut prix. La force, les erreurs, les abus des temps passés
avaient créé et établi le pouvoir suprême des Rois ; mais
l'heure est venue où la suprématie de la puissance, résidera
dans la nation et où les rois ne seront plus que les
chefs exécuteurs des lois, destitués de la faculté de les en‑
freindre. N'oubliez pas que *l'abolition de la conscription*,
ainsi que de toute autre *levée arbitraire*, la *réduction des
troupes régulières* proportionnée aux besoins de la sécurité
publique, et *la création* d'une garde nationale *purement*

civile, préserveraient toutes les nations de tout retour possible au despotisme de leur souverain ; les guerres ne provenant que de leurs intérêts, ou de leurs caprices, une paix générale et perpétuelle deviendrait le résultat de cette première mesure.

La révolution de juillet nous avait mis dans une position prédominante à cet égard. Si le duc d'Orléans eut eu le discernement de la juger, que de gloire, que de puissance il pouvait alors acquérir ! Mais, en politique, les situations qu'on laisse échapper disparaissent et ne se retrouvent plus. D'un côté, Louis-Philippe ayant aliéné l'esprit des français ; de l'autre, les travers des feuilles républicaines ayant éloigné de nous la masse honorable et saine des peuples de tous les pays, souverains et peuples se réuniraient en tous lieux contre nous aujourd'hui. Cette situation doit nous pénétrer encore bien plus de l'importance du retour de Henri, et de l'annonce, *à cette occasion*, de l'intention d'abolir la conscription, puisque la première mesure ôterait à la ligue des Rois tout pretexte de maintenir des armemens aussi considérables, et que la seconde, non-seulement leur enlèverait le moyen de les renouveler, mais ferait tourner les vœux et l'espoir de tous les peuples vers nous. C'est ainsi que la France se trouverait replacée, envers l'Europe, dans une position encore plus avantageuse que celle où devait l'élever la révolution de 1830.

Je l'ai dit tant de fois, et le répeterai encore : chaque Français doit se pénétrer que c'est une nouvelle ère que nous sommes appelés à commencer, et que notre glorieux destin est d'en donner l'exemple à tous les peuples de la terre et de leur servir de modèle dans la carrière du bonheur et de la prospérité.

Elevons donc nos pensées et tous nos sentimens au-dessus de la sphère bourbeuse dans laquelle nous nous trouvons

7*

plongés, et arrachons-nous à la turpitude pour nous élancer vers l'avenir de gloire qui se présente en ce moment devant nous, et dont je viens de présenter le chemin. Il n'est pas un individu en France, depuis le Roi jusqu'au moindre particulier, qui ne trouverait son intérêt à le prendre et à le suivre. C'est ce que je vais démontrer en exposant, dans un tableau comparatif, les suites de la bonne et de la mauvaise route.

POUR LOUIS-PHILIPPE.

La mauvaise route.

Tels discours que la flatterie puisse adresser à Louis-Philippe, tels rapports que la flagornerie ait pu lui avoir fait, il est trop éclairé, sans doute, pour se méprendre un instant aux opinions de la nation à son égard. S'il pouvait s'être livré à la moindre illusion à ce sujet, une seule réflexion suffira pour en déchirer le voile à ses yeux. — Qu'il descende dans sa propre conscience, et qu'il se dise : *Si j'étais à la place des Français et qu'un autre fût à la mienne, que penserais-je de celui qui eût fait et dit tout ce que j'ai dit et fait?* Et se jugeant ainsi par lui-même, il ne pourra plus douter de ce que chacun doit penser sur lui.

On peut aveugler les hommes un moment, mais on ne saurait les tromper toujours, et gare au jour où les yeux s'ouvriront! en vain se flatterait-il de trouver long-temps un appui bien solide dans la garde nationale et dans l'armée ; déjà, dans nombre de lieux, les gardes nationaux ont cessé d'être ébêtés, et un seul instant suffit pour que l'armée ressente la honte du rôle qu'on lui a fait jouer.

Orléans, crois-moi, ton ami le plus intime ne pourrait te donner un meilleur conseil : hâte-toi de t'arrêter au bord de l'abîme où t'a conduit le système de duplicité et de machiavélisme sur lequel ton conseil fonda une folle espérance, ou, trop tôt peut-être, il pourrait n'en être plus temps!

La bonne route.

Quel plus noble rôle, quelle plus glorieuse voie, Orléans, ces notes et l'écrit auxquels elles se rattachent, ne viennent-ils pas d'ouvrir devant toi ? Si l'ambition t'égara, reviens à la vertu ; l'histoire vantera ton retour à jamais : la gloire, au lieu de la honte, y tracera ton portrait.

Tu n'auras à rencontrer aucun obstacle dans un aussi loyal et brillant chemin. Les pairs, les députés, la magistrature, la masse honorable et clairvoyante des Français, les gardes nationaux, l'armée entière te soutiendront, te seconderont, te béniront !

Ce n'est pas pour Henri que je te le présente, c'est pour l'intérêt et le salut de la France, pour sa prospérité, pour sa gloire, pour son repos ; c'est au nom de ton propre honneur, de la sécurité de ton épouse et de ta sœur ; c'est au nom de l'avenir de tes enfans que je t'invoque en ce moment. Songes à la triste fin qui pourrait les atteindre. Je ne te présenterai pas la tranquillité d'esprit et tous les délices de la vie qui en deviendraient pour toi la récompense ; j'élèverai tes sentimens bien plus haut. La France devra au sacrifice de ton amour-propre la consolidation de ses droits, l'ère nouvelle qui commencera pour elle et dont les bienfaits s'étendront sur toute la terre. Nul plus que moi ne fit de vœux plus sincères pour que tu en eus toute la gloire : mes offres, mes lettres te l'ont prouvé. La marche que malheureusement pour toi et pour la France tu as suivie depuis quatre ans, ne t'en laisse plus la possibilité ; mais tu peux y participer en t'élançant dans la non moins glorieuse carrière que je viens de te présenter : pourrais-tu hésiter ?

POUR LES PAIRS.

La mauvaise route.

Aucun des pairs ne peut se dissimuler la situation plus que

scabreuse dans laquelle il se trouve. — S'il est un descendant de ces anciens pairs de France qui, jadis, plaçaient l'honneur, les devoirs, et l'indépendance avant tout, ah ! que leurs nobles aïeux seraient honteux de les voir s'être prostitués , de dégradation en dégradation, aussi bas que d'avoir servi d'instrumens à l'usurpation , à la supercherie, à la déception, en un mot, à tout ce qu'on vit jamais de plus faux, de plus fourbe et de plus bas ; ou, s'il est de la classe de ceux qui se sont estimés assez purs pour avoir cru s'élever en devenant membres d'une telle chambre, que celui-là eût fait peu de cas de lui-même ! quoiqu'il en soit, nul d'entr'eux ne peut se dissimuler les dangers qu'il pourrait courir dans le cas d'une réaction violente, qui tôt ou tard pourrait s'opérer : il doit donc , et pour son honneur et pour sa sécurité, désirer de sortir d'une situation aussi épineuse. C'est ce que je lui conseille et lui souhaite.

La bonne route.

En suivant le chemin que je leur ai indiqué, le rôle le plus honorable et le plus brillant remplacerait pour eux celui aussi plat, aussi dégradant qui fût et qui est celui qu'ils ne peuvent se dissimuler avoir joué depuis quatre ans. Devant nécessairement participer à la gloire de la Charte fondamentale qui deviendrait la garantie des droits de la nation, et qui fixerait désormais les bornes du pouvoir de la royauté, non-seulement ils honoreraient leurs fonctions, mais ils consolideraient leur propre existence.

Je ne leur présente pas le retour de Henri sous le rapport du droit de la légitimité, mais sous celui de tous les intérêts de la France, et surtout de nous arracher à l'affreux dédale dans lequel nous nous trouvons, dédale qui ne pourrait qu'augmenter jusqu'à l'explosion qui deviendrait inévitablement la suite d'un système de déception et d'arbitraire qui ne peut être tolérable ni long-temps se soutenir.

J'ai peut-être , à l'égard de ces illustres pairs, prononcé un peu trop crûment mon opinion ; mais , pour ma justification , je m'en réfère à leur propre conscience : à coup sûr, elle ne me démentira pas.

POUR LES DÉPUTÉS.

La Mauvaise route.

Quant aux 229, ainsi qu'à ceux qui ont pu depuis s'oublier jusqu'à pousser des éclats de rire au récit que fit M. de Salverte des horreurs commises le 6 mars sur la place de la Bourse et dans tant d'autres circonstances, dans quelle position plus dégradante du caractère de députés de la France ne se sont-ils pas placés ? En est-il un qui ne doive rougir de lui-même et qui puisse espérer que son nom et ses égaremens soient oubliés le jour où l'heure fatale aurait sonné ? Enfoncés dans la voie de la corruption et des écarts de toute espèce, ils n'envisagent aujourd'hui de salut que sous l'égide de l'arbitraire et du despotisme, mais *tant va la cruche à l'eau qu'à la fin elle se brise*, dit un ancien proverbe : s'ils m'en croient, ils en feront leur profit.

Souhaitant leur conversion et non la trop juste rétribution des excessifs oublis de leurs devoirs, je vais leur indiquer le chemin de leur salut.

La Bonne route.

Députés de la France , soit ceux parmi vous qui l'eussent entraîné dans cet abîme, soit ceux honorables qui n'eussent pris aucune part dans cette conjuration, de qui la France doit-elle espérer sans secousse et sans trouble le recouvrement de ses droits, l'assurance de la liberté, en un mot tout ce que la révolution de juillet eût dû lui procurer et lui assurer, si ce n'est de vous ? Elevez vos voix à la hauteur du beau et grand destin qui s'ouvre devant vous ; faites retentir dans votre législative enceinte les purs et foudroyans accens de la vérité ! Vos devoirs les plus saints, vos intérêts les plus directs, la gloire dont vous vous couvririez à jamais, tout doit vous porter à prendre et à suivre le chemin de l'honneur et du salut que j'ai pris la liberté de vous présenter.

Songez, avant tout que c'est la nouvelle ère de la régénération de l'espèce humaine que vous allez commencer que notre exemple sera suivi tôt ou tard de toute la terre, et que le bonheur de la France, son plus glorieux avenir, le sort futur de l'homme enfin, sont en ce moment entre vos mains.

POUR LA CHARTE.

La Mauvaise route.

Le but de la création de la Charte en 1814 avait été de confondre et de réunir tous les intérêts, et depuis cette époque jusqu'en 1830, au lieu d'être devenue un point de rapprochement et de réunion, elle n'avait servi que de prétexte à deux ennemis qui ont également et constamment eu pour but de l'anéantir et de s'élever sur ses ruines, savoir : *le premier*, les alentours du trône et le penchant des rois vers l'arbitraire et le despotisme ; *le second*, les prétentions et les exagérations du parti dit des intérêts révolutionnaires, dont j'ai exposé plus haut les directeurs et les vues.

Il serait superflu de revenir sur les détails de la révolution de 1830 ; mais, ce qu'il est important de faire remarquer ici, c'est que, *depuis le 9 août*, jour où Louis-Philippe s'est assis sur le trône de la branche aînée, tels que, sous Charles X, les ministres, la coterie et la prêtraille jésuitique n'avaient cherché qu'à faire du pacte national un marche-pied pour l'élever au despotisme ; de même, toutes les duplicités de nos gouvernans et le dévoûment de leurs dignes suppôts n'ont tendu qu'à *se servir de la Charte-Vérité* pour mettre le pouvoir absolu dans les mains de Louis-Philippe. Mais gare à eux s'ils persévèrent dans leur système de déception et d'envahissement ; il ne peut attirer sur eux que malheur et que ruine. Le moment fatal pourrait ne pas en être éloigné :

> Chaque jour, tout un peuple, à ce manque de foi,
> S'irrite, s'exaspère, et, soutenant la loi,
> Pourrait peut-être encore, poursuivant l'arbitraire,
> Tourner contre Orléans sa trop juste colère,
> Et dans tous ses suppôts et ses plats courtisans,
> Ne voyant que le crime, en frapper les agens.
> Songez-y, croyez-moi, Députés, Pairs de France,
> Ou d'un peuple trahi redoutez la vengeance.
> Philippe nous promit la Charte-Vérité,
> Le règne de la loi, nos droits, la liberté ;
> Ce fut à ce seul prix qu'il reçut notre hommage ;
> De sa fidélité sa couronne est le gage :
> Malheur à qui croirait, manquant à son serment,
> Sur la force appuyé, le faire impunément ;
> Vous venez d'en avoir devant les yeux la preuve :
> Philippe en deviendrait bientôt la contr'épreuve.
> Charles X sur le trône était plus assuré
> Cinq cent fois qu'Orléans du pouvoir enivré ;
> Et trois jours ont suffi pour opérer sa chûte :
> En faudrait-il autant pour sa propre culbute ?
> Polignac, Latil, Mangin et Peyronnet
> Etaient-ils plus haïs que Persil et Gisquet ?
> Hâtez-vous tous les trois, la veille du naufrage,
> Si vous êtes prudens, de prévenir l'orage
> Qui vient de tous côtés s'ammonceler sur vous,
> Et suivez mon conseil, pour le salut de tous :

La Bonne route.

Après les exemples que je viens de tracer, quel est le Français qui ne doive pas être pénétré de la nécessité de mettre un terme à nos divisions, et de nous réunir pour concourir, du plus parfait accord, à consolider la révolution de juillet et pour ôter au pouvoir exécutif, *quelque soit le chef,* la faculté de pouvoir enfreindre les lois à l'avenir, et non moins de les interpréter. Décorez-le du titre d'empereur, de président ou de roi, peu importe, pourvu que la loi règne et que la France soit à l'abri de l'arbitraire de qui que ce soit.

La révolution de juillet ayant été provoquée est devenue légitime, je le répète encore, et c'est le premier point qu'il ne faut pas oublier, parce qu'il ôte tout prétexte de pouvoir la dénaturer dans sa légalité.

> Partout la résistance au pouvoir absolu
> Fût et sera toujours la première vertu.
> L'homme libre ne doit, s'il est digne de l'être,
> Connaître qu'un seul Dieu et que la loi pour maître.
> Les Bourbons ayant fui ont perdu tous leurs droits,
> Et la France aujourd'hui de son chef a le choix.

Dans cette circonstance, il est de la plus haute importance, pour l'ère nouvelle qui doit s'ouvrir pour nous et dont nous devons donner l'exemple, de constater ce droit, et que le rappel du duc de Bordeaux, s'il a lieu, n'acquière de force et de poids qu'après la ratification de la France convoquée en assemblée primaire ; qu'il ne soit élevé sur le trône qu'en vertu de la Charte, et qu'il ne règne ensuite que par les droits qu'elle lui concéderait.

Un second point dont il faut également se pénétrer, c'est la fourberie avec laquelle la faction Orléaniste s'est emparée du pouvoir, et l'excès d'impudeur et d'audace avec lequel on nous dit, répète et soutient que Louis-Philippe fut élu par la voix de la France entière, lorsqu'il est au vu et su de tout le monde qu'il n'a pas même sollicité l'approbation d'un seul département, d'une seule ville, d'une seule commune, d'un seul individu à son élévation à la couronne. Élévation proclamée le 9 août par 219 Députés et un petit nombre de Pairs, tous faisant partie soit de ses affidés, soit

de la bande républicaine, soit de ceux qui, dans le premier
moment, se sont, sans réflexion, laissé entraîner au tor-
rent.

Si vous laissez échapper cette occasion de replacer la
souveraineté dans la nation, des gouvernemens de fait se
succèderont, et vos révolutions n'auront point de fin.

Si vous voulez au contraire un édifice durable, élevez-le
sur le rocher et non sur un sable mouvant, et ce rocher
doit être une Charte, qui d'un côté établisse nos libertés
et nos droits, et de l'autre, désigne et limite les pouvoirs
que la nation eût voulu concéder à un Roi.

POUR LES JOURNALISTES.

Je prie le lecteur, de quelque parti qu'il soit, d'accorder
une attention particulière à ce qui suit :

La mauvaise route.

Le premier des bienfaits de la révolution de 1789 et de
celle de 1830 est d'avoir conquis et rétabli la liberté entière
de la presse : le plus grand de tous les intérêts pour nous est
de la conserver.

La publicité étant le plus sûr garant de la conservation de
nos droits, l'ennemi le plus redouté de l'arbitraire et de
l'injustice, le défenseur et le protecteur des lois, de l'innocence et de la vertu, combien n'en sont que plus coupables
ces écrivassiers modernes qui ne cessent de souiller cette liberté par les excès de tous genres auxquels ils se livrent.
Les personnalités, la calomnie, la médisance, le mensonge,
la déception, les semences de discorde, de division, d'animo-

sité, de haine, voilà une partie des fruits soit du plus déplorable esprit de parti ou de spéculations particulières don^t
l'espoir de succès ne se fonde que sur l'irritation des passions ou la corruption de la morale et des mœurs.

Faites-en donc justice, hommes honorables et droits, en
rejetant loin de vous les pernicieux écrits dont la lecture
n'est pour l'esprit que venin et que poison. Vous aurez bientôt fait rentrer ces folliculaires, *par leur intérêt*, dans la
droiture et la vérité dont ils ne devraient jamais s'écarter.

La bonne route.

Journalistes égarés, je vais vous présenter quelques questions auxquelles il ne vous sera pas facile de répondre.

Lorsque vous rapportez des faits quelconques et que vous
en altérez sciemment l'exactitude, êtes-vous des écrivains
véridiques ? est-ce pour éclairer ou pour égarer vos lecteurs
que vous leur faites de tels récits ?

Lorsque vous rendez compte d'un ouvrage ou d'un discours,
et que vous n'en citez que les seules phrases qui cadrent avec
le but dans lequel vous écrivez, dénaturant sans cesse et les
intentions de l'auteur et le sens même dans lequel cet ouvrage
fut écrit, que pensez-vous de votre loyauté et de votre fidélité ?
Est-ce encore pour éclairer vos lecteurs ou pour les induire
en erreur que vous employez cette astuce ?

Lorsque vous cherchez à noircir le caractère d'un homme
parce qu'il est d'une opinion contraire au parti que vous sou-
tenez, que souvent vous le déchirez, le calomniez, êtes-vous
purs et honorables ? Est-ce enfin pour faciliter le jugement
de vos lecteurs ou pour le tromper que vous employez un
aussi coupable artifice ?

Combien ne pourrais-je pas étendre ces questions ; mais
j'en aurai dit assez pour vous ouvrir les yeux sur de tels

écarts et contre les travers de l'esprit : j'en appelle à votre
cœur.

Contre eux, c'est donc à lui que je dirai sans cesse :
Voulez-vous désormais faire honorer la presse ?
Qu'en tous lieux votre voix tonne contre l'erreur,
Et le monde éclairé vous devra son bonheur.

L'ESPRIT DE PARTI.

La Mauvaise route.

Nous avons voulu imiter de l'Angleterre et sa constitution
et jusqu'à son esprit de parti, mais nous n'avons ni une aris-
tocratie qui puisse donner le moindre poids à une chambre
des Pairs, ni l'esprit public de justice et de liberté qui honore
le peuple anglais et le rend toujours prêt à opposer son una-
nimité contre toute infraction des lois. Où serait depuis
long-temps Louis-Philippe et tous ses adhérens avec leur
système d'arbitraire, si le peuple français eût eu la plus lé-
gère trace du patriotisme, de l'esprit public et de l'énergie
des Anglais. En pitoyables singes, nous n'avons copié d'eux
que le nom de leur gouvernement.

Parmi les Anglais tout cède à l'intérêt général ; tout intérêt particulier disparaît aussitôt qu'il s'agit d'un intérêt national ; tandis que parmi nous, où se montre le patriotisme ?
Quel est celui prêt à déposer son amour-propre ou à sacrifier
le moindre intérêt pécuniaire sur l'autel de la patrie ? Il y a-
t-il rien de plus pitoyable que le langage de nos journaux ;
je ne prétends pas dire que l'esprit leur manque ; mais dans
lequel trouvera-t-on du bon sens et de l'esprit public.

Prenez les feuilles royalistes ; qu'y trouverez-vous ? sinon :
dans ceux dits du parti prêtre, les avocats de singeries mo-
nacales, qui, graces à Dieu, ne peuvent plus revenir ; dans
ceux dénommés légitimistes, soit dans les uns des exagé-

rations et des illusions toujours renaissantes, soit dans les au
tres des sarcasmes, des bons mots, ou plutôt des niaiseries bon‑
nes à faire rire et à servir de passe-tems à des sots ; dans tous
les trois, un vain espoir de retour à un dévoûment envers des
princes dont la faiblesse a causé tous nos maux, et que leur
abandon n'a pu qu'anéantir.

D'un autre côté, lisez les journaux républicains ; qu'y ve‑
rrez-vous ? sinon : les insensés et funestes prôneurs d'un
système évidemment en aversion aux quatre-vingt-dix-neuf
centièmes de la population. A quoi sert le langage qu'ils
ont l'impudence de tenir ? sinon à fournir des armes non-
seulement contre eux-mêmes, mais contre tous, en servant
de marche-pied à l'arbitraire et à la tyrannie.

La Bonne route.

Il faut voir les choses telles qu'elles sont et non les envisa‑
ger telles qu'on voudrait qu'elles fussent. Or, il devrait être
évident, aux yeux mêmes des plus dévoués serviteurs de
Charles X et de sa famille, qu'après les 45 années qui se sont
écoulées depuis 1789, vu les trois générations qui sont nées
imbues de tous les préjugés contre les Bourbons. vu leur
double retour à la suite des armées étrangères ; vu la pétau‑
dière du règne de Louis XVIII, vu non moins la cagoterie,
les moineries et les imbécilités de celui de Charles X, vu,
pour dernier échantillon, la platitude de la double abdication
d'un Roi et de son fils à la tête d'une armée, en vérité ce
serait pousser l'aveuglement par trop loin que de penser que
de tels souvenirs puissent laisser de profonds regrets dans
l'esprit des Français. Ce parti n'est donc plus soutenable au‑
jourd'hui sous aucun autre rapport que celui de présenter l'in‑
térêt qu'aurait la nation entière à rappeler le duc de Bordeaux,
non par les droits de la légitimité, ce qui ne touchera que
bien peu de personnes dans ce moment, mais comme un pivot
propre à réunir tous les partis, à mettre un terme à nos di‑

visions ainsi qu'a tous nos maux, et à consolider nos libertés et nos droits. Toute autre perspective dans les royalistes n'est qu'une chimère et la plus funeste erreur. Il ne doit pas moins être évident, aux yeux des aveugles prôneurs du républicanisme, que leur persévérance, ou pour mieux la dénommer, leur extravagance à soutenir un système aussi contraire au vœu de la nation, devient une véritable calamité. Le langage que tient tous les jours le National à ce sujet est ou le comble de l'aveuglement ou de la plus évidente duplicité.

C'est dans un nouvel avenir que tous les partis doivent se confondre et se réunir. Sans cette réunion si désirable, plus d'espoir de bonheur, plus de possibilité de salut. Le despotisme et l'anarchie se succèderont tour-à-tour, et nous entraîneront dans des malheurs sans fin.

LE CARACTÈRE NATIONAL.

La Mauvaise route.

Où est-il ce si beau, si noble caractère plein de courage et d'aménité, de vigueur et d'affabilité, d'honneur et de patriotisme, de franchise et de cordialité, de droiture et d'équité? Hélas! où en retrouver aujourd'hui jusqu'à la trace? Néanmoins, ce caractère national qui nous faisait aimer, chérir, admirer de toutes les nations de l'Europe et de tous les peuples de la terre, ne peut avoir fui loin de nous pour toujours. Il renaîtra; gardons-nous d'en douter!

Nous avions bien aussi quelques travers, parmi lesquels je nommerai la présomption, la légèreté, l'inconstance et la frivolité. Si l'amour-propre parfois nous égarait, il nous excitait plus souvent encore aux plus belles vertus. Je l'appelle en ce moment à notre secours : puisse-t-il nous ouvrir les yeux sur nos travers et porter la honte de tant de dégradation jusqu'au fond de nos cœurs.

Français, qu'êtes-vous aujourd'hui? sinon un peuple tombé

dans l'affaissement, l'abrutissement, l'idiotisme; sans jugement, sans discernement, sans le moindre élan du cœur ni de patriotisme.

Tout s'éteint parmi vous ; voilà la vérité :
Corruption, bassesse, intérêt, âpreté
Nous ont depuis quatre ans entraînés vers l'abîme ;
D'un égoïsme affreux nous sommes la victime ;
S'il peut se prolonger, rougissons à jamais
De tant d'excès d'opprobre et du nom de Français.

La Bonne route.

Honneur, sors des tombeaux et renais pour la France ;
Tu fus, pour son salut, ma constante espérance ;
Tels égarés que soient aujourd'hui les français,
Sur leurs cœurs qui pourrait douter de ton succès.

Où courez-vous de tous côtés, ô mes compatriotes, si ce n'est vers la ruine. Eh quoi ! ce sont des français qui ont pu se ravaler et se laisser avilir jusqu'à s'être laissé bâtonner et se courber sous le joug le plus dégradant.

Ce sont des français, qui peuvent sortir de leur caractère jusqu'à se diviser, s'entre-déchirer et se haïr, quand tous leurs intérêts les plus directs devraient les porter plus que jamais à l'union et à l'oubli.

Ce sont des français, qui peuvent sortir de leur caractère jusqu'à, dans les délires d'opinions différentes, vouloir s'écraser réciproquement, et, dans l'excès de leur double égarement, qui s'aveuglent au point de ne pas voir que leur désunion et leur animosité les rendent la proie du tigre et du vautour.

Ce sont des français enfin qui peuvent sortir de leur caractère jusqu'à préférer leur perte commune, à s'entendre, se

rapprocher, se réunir. O mes compatriotes, que votre cœur
cesse d'être sourd aux purs accens du mien !

Plus d'esprit de parti que celui de l'honneur,
Et l'ame des français reprendra sa splendeur.
Nous rentrerons alors dans notre caractère ;
C'est à nous de servir de modèle à la terre :
Cet espoir suffira, même au plus corrompu,
Pour le faire passer du vice à la vertu.

POUR LE MINISTÈRE PUBLIC.

La Mauvaise route.

Où peut conduire un système aussi désordonné que celui
de vouloir réprimer les opinions par l'arbitraire et la terreur, par la prison et l'augmentation des souffrances, par la
violence et de fausses interprétations des lois ; on a porté l'a-
charnement et la fureur jusqu'à avoir cherché à étendre le
nombre des condamnations et la prolongation du supplice,
afin d'inspirer encore plus d'effroi : tel fut et tel est le système
que suit depuis quatre ans le ministère public et la police,
et cela, sous la *Charte-Vérité*, sous le règne protecteur et
bienfaisant de *l'élu Louis-Philippe d'Orléans* ! Comment
peut-on, en même temps, porter l'illusion jusqu'au point de
croire que, par l'infâme abus des arrestations préventives,
la prolongation de détentions, déclarées ensuite le plus souvent sans fondement, l'acharnement à aggraver la culpabilité, les efforts pour égarer l'esprit des jurys, parfois même
jusqu'à chercher à influer sur celui des juges ; en un mot,
comment peut-on croire qu'une telle cumulation d'horreurs
puisse produire aucun autre effet, *d'un côté*, sur les victi-
mes, que celui de l'exaspération la plus légitimée ; *de l'autre
côté*, sur l'opinion publique, que celui d'exciter l'indignation
la plus profonde ?

La Bonne route.

Combien les exposés ci-dessus ne doivent-ils pas pénétrer

tout magistrat, tout jurisconsulte, tout homme honorable et droit, de l'urgence de sortir de cet affreux système d'arbitraire et d'iniquité, de fourberies et d'atrocités. Si vous voulez calmer les esprits et ramener à la soumission des citoyens qui s'en fussent écartés, commencez par renoncer à toute arrestation préventive, qui devient l'acte de tyrannie le plus abusif et le plus intolérable ; ne préjugez dans un accusé que l'innocence jusqu'au jour de la condamnation ; montrez plus d'indulgence que de rigueur dans l'application des peines portées par les jugemens ; gardez-vous de chercher à exercer la moindre influence sur l'esprit des jurys et non moins sur celui des juges ; en un mot, soyez en tout honorables et droits, et vous servirez cent fois mieux Louis-Philippe que par la marche atroce que vous continuez à suivre, et qui ne peut que lui créer nombre d'ennemis. Si vous eussiez voulu le faire haïr, auriez-vous pu prendre un meilleur chemin ?

POUR LE JURY ET LES TRIBUNAUX.

La mauvaise route.

Si la liberté de la presse est le premier des bienfaits de la révolution, à coup sûr l'institution du jury dans toute affaire criminelle en est le second ; néanmoins on ne peut se dissimuler que dans plusieurs circonstances au sujet des accusations contre la presse, les jurys ne se soient pas toujours montrés bien imbus de cette indépendance et de cette impartialité qui doivent être les premières vertus de leurs hautes fonctions. Par exemple, toutes les fois que le ministère public s'est permis de chercher à émouvoir leur intérêt personnel, à exagérer les danger d'un acquittement jusqu'à leur insinuer que la sûreté du gouvernement pouvait dépendre du verdict qu'ils allaient prononcer, en vérité il faut convenir que les avocats du roi tenant un semblable langage, ont agi aussi platement qu'impolitiquement, et que les jurys qui auraient pu être ébranlés par des énoncés aussi iniques que mal fondés, n'auraient pas montré un grand discernement ni été justiciables envers le devoir qu'ils avaient à remplir.

Il est encore d'autres cas où les jurys ne paraissent pas avoir toujours bien compris les droits de la Charte et de l'esprit de la loi, je veux dire ceux où le ministère public s'est servi du prétexte plus que suranné d'insulte envers la personne du roi, et jusqu'envers les princes ses fils. *Premièrement*, ayant emprunté cette institution de l'Angleterre, tout le monde sait qu'il n'est pas un jury anglais qui ne prononçât un verdict contre ces prétendues sortes d'insultes, ni un roi d'Angleterre ou un membre de sa famille qui s'abaissât jusqu'à s'en croire insulté ; *secondement*, devant tout jury éclairé, impartial, et fortement imbu des devoirs qu'il est appelé à remplir, de telles accusations n'auraient dû jamais avoir le moindre poids, puisque si le roi était sans reproches les insultes de la presse ne pouvaient inspirer que du mépris pour leurs auteurs, et que si le roi eut le premier manqué à ses promesses et à ses engagemens, chaque citoyen avait le droit incontestable de le dire et de le lui reprocher. Or, il n'est pas un Français qui dans son ame et conscience ne soit pénétré que depuis quatre ans tout fut déception, impudeur et fausseté dans tout ce qui est émané de nos gouvernans. Ce champ de bataille, sur lequel Louis-Philippe a souffert que le ministère public le vautrât continuellement, fut donc une maladresse en même temps qu'une fausse interprétation de la Charte, et une extension contraire au véritable esprit de la loi.

La bonne route.

Chaque fois que le ministère public a voulu voir Louis-Philippe d'Orléans dans les dénominations de fourbe, de faussaire, d'avare, de traître et de la pensée immuable, de la poire molle, etc., etc., pour en créer des chefs d'accusa-

(68)

tion d'insulte envers la personne du roi, ne fut-il pas plutôt
le calomniateur de Louis-Philippe ? — Et n'eût-il pas agi cent
fois plus honorablement et plus politiquement même en
abandonnant toutes ces niaiseries des journaux au mépris et au ridicule ? Louis Philippe a fait le serment le
plus solennel que la Charte serait une vérité. Ce ne fût qu'a-
près cette déclaration, et dès - lors, sur cette condition,
qu'il fut élu roi. Le pacte a donc dû être synallagmatique.
Si Louis-Philippe n'a point tenu ses promesses, s'il a foulé
aux pieds la Charte et ses propres sermens, tout citoyen a
non-seulement le droit de le dire, mais c'est une obligation,
un devoir que de dénoncer publiquement ses envahissemens.
Lorsque la presse, en remplissant ce devoir, s'est égarée à y
ajouter la platitude des surnoms, ce fut, dans la presse, plutôt une faiblesse qu'une culpabilité, une persécution dans le
ministère public de le relever, et dans le jury, un oubli de
la loi fondamentale que de les condamner.

Lorsque pareillement le ministère public a requis la condamnation conjointement de l'imprimeur, il a commis une
iniquité, une atrocité. Un délit en fait d'impression ne doit
entraîner de complice, si la loi requiert qu'un coupable soit
puni lorsque l'auteur se nomme, l'imprimeur ne saurait être
poursuivi sans iniquité, sans férocité. En effet, par son état,
peut-il avoir le temps de lire les manuscrits qui lui sont présentés ? non. Dès-lors, comment vouloir le rendre complice ;
et n'est-ce pas établir, sous ce prétexte, une censure indirecte
qui annulerait de fait la liberté de la presse, par la crainte que
l'imprimeur aurait de sa ruine et de la rigueur des châtimens.
Tribunaux et jurys, daignez faire ces réflexions avant de
prononcer de semblables condamnations.

Ce 17 novembre. — *Post-scriptum.*

Ce qui vient de se passer depuis trois semaines est sans
doute la conclusion la plus forte de tous les argumens que

je venais de présenter pour démontrer la nécessité de prendre le seul chemin qui peut nous préserver du plus affreux avenir. De deux choses l'une : ou la démission des ministres furibonds, la création d'un ministère de modération, le retour subit au système des forcenés, etc., ne furent que les combinaisons d'une nouvelle jonglerie, ou plutôt cette vacillation pourrait n'avoir été que le produit de la conviction de l'injustifiabilité du passé, et la détermination de tout tenter pour faire illusion à l'assemblée, et, à défaut, de tout affronter pour anéantir la représentation nationale.

De deux choses l'une encore : ou c'est la volonté suprême de diriger tout, ou ce sont les ministres de Louis-Philippe qui, non moins infatués et bien plus coupables que ceux de Charles X, l'entraînent vers le précipice. Il est évident que leur plan consiste à chercher à présenter la prétendue conjuration des républicains comme un épouvantail qui frappe l'assemblée de consternation et de terreur; mais ce renouvellement de la farce du tour du pistolet, cette seconde représentation de la dénonciation du *complot épouvantable*, cette similitude avec l'éclat et l'étendue que la police et le ministère public s'étaient efforcé de donner à ce fantôme de leur création, peuvent-ils se terminer autrement que par l'indignation générale d'une machination semblable? Dans ce nouveau fatras d'accusation, que pourra-t-on tout au plus trouver, sinon que quelques écervelés auront eu la pensée et peut-être formé le projet de renverser le gouvernement : mais où seront les chefs, où seront les rameaux, où seront les combinaisons qui eussent pu rendre un instant formidables les délires de quelques écoliers ou d'un petit nombre d'artisans et d'ouvriers? *nulle part* : dès-lors cette nouvelle fabrication finira donc comme la première, par le ridicule et le mépris. Sur 32,000,000 d'habitans, que serait-ce que quelques millions mêmes d'hommes égarés de cette espèce? Le ministère public et la police auront beau faire, le rapport de M. Girod de l'Ain ne sera qu'un fatras de rapsodies absurdes, et l'éclat qu'on voudra donner à cette conspiration de fabrique, qu'un nouvel avorton de fourberie et de scélératesse.

Si l'assemblée des Députés veut remonter à la source de tant de violations des lois, et mettre enfin un terme au spectacle dégoûtant que nous donnons au monde depuis quatre ans, elle en a dans ses mains un moyen aussi sûr que facile ; c'est de mettre les ministres du Roi en état d'accusation, et tout le système de duplicité, d'impudeur, de jongleries de toutes les espèces se dévoilera aux yeux de la nation.

Nul ne peut se dissimuler que nous touchons à une grande crise : tout homme honorable doit donc tourner ses vues et ses efforts à prévenir qu'elle nous devienne fatale.

La France se trouve placée entre deux écueils également pernicieux : le premier, de tomber sous le joug du despotisme et de voir anéantir nos droits, ainsi que tout espoir de liberté ;

Le second, que le parti républicain l'emporte : le désordre, l'anarchie, la désunion au dedans, la guerre au dehors, en deviendraient évidemment les déplorables résultats.

O mes compatriotes, serait-ce en vain que j'aurais mis en ce moment sous vos yeux le chemin de la raison, de l'honneur, de la gloire et du salut ?

En offrant la couronne au duc de Bordeaux, la scène changera tout à coup, et la Charte deviendra le *palladium* de la sécurité pour tous. Plus de tentative à craindre contre nos droits et nos libertés de la part de la couronne ; plus de danger du républicanisme : l'un et l'autre disparaîtraient comme le brouillard amoncelé, durant une longue nuit, s'évapore au premier rayon du soleil. Dans cette juste comparaison, je n'entends point vous présenter Henri sous le rapport des titres de la légitimité, mais sous celui d'un Prince innocent des égaremens de ses parens, et qui devrait avoir pour vous le triple attrait de la jeunesse, de la candeur, de la pureté.

S'il revient, il reviendra *seul*, avec son A. R. Mademoiselle, et tout au plus avec cette auguste mère dont vous devez admirer le courage, plaindre les malheurs, et dont vous avez tant de fois éprouvé l'affabilité. Charles X, le dauphin, ni cette ange de toutes les vertus, l'infortunée fille de Louis XVI et de Marie-Antoinette, ne peuvent un instant, *après le passé*, avoir même le désir de revenir finir leurs jours au milieu de nous. Cessez donc avec Henri de craindre le retour de l'influence des prêtres ; nul plus que lui ne peut avoir intérêt à les éloigner.

Redouteriez-vous que quelques royalistes ne prennent de l'influence auprès de Henri? Eh bien! j'en appelle au plus rempli de préjugés et d'animosité contre la noblesse française : où trouverez-vous, parmi les Orléanistes ou les républicains, des hommes aussi honorables, aussi patriotes, aussi vraiment français que les ducs de Fitz-James et de Doudeauville, le marquis de Brézé, les membres du ministère Martignac, etc., etc.; je n'ai point nommé le marquis de Kergorlay, l'un des caractères les plus beaux que l'histoire ait présenté; peut-être vous eut-il paru un royaliste trop prononcé. Je n'ai point non plus cité MM. de Chateaubriant, de Conny, Berryer, etc.: leurs opinions, très-honorables sans doute, tiennent, à mes propres yeux, plutôt d'un autre siècle que de celui-ci.

A bas tout arbitraire de la part de qui que ce soit! loin de nous pour jamais cette bassesse qui nous porte à encenser le pouvoir, et dégrade et avilit l'homme. Rien ne doit plus inspirer le mépris et l'horreur qu'un Roi qui eût manqué à ses promesses, foulé à ses pieds les lois et ses sermens. Que le sceptre des lois règne désormais également sur les peuples et sur les rois. Tels, de tout homme honorable, doivent être aujourd'hui les vœux et la profession de foi. La *Charte-Vérité* nous fut promise, la *Charte-Vérité* est ce que nous voulons et que nous devons avoir, à quelque prix que ce soit!

Après avoir rapidement passé en revue les principaux ob—
jets d'un intérêt général, je termine en réclamant l'indul—
gence pour le style et pour le patoi rimé dont parfois je me
sers, non certes par aucune prétention à la poésie, mais bien
uniquement dans la vue d'exprimer plus fortement mes pen—
sées, et dans des termes plus concis.

> Je parle par conviction
> Et ne connais point l'art d'écrire.
> Je ne mets de prétention
> Dans ma prose ni dans ma lyre ;
> Mais quant aux sentimens du cœur,
> Que mon lecteur me le pardonne,
> Je tiens au plus haut prix l'honneur
> De ne le céder à personne.
> J'ai toujours dit la vérité :
> Bravant l'abus de la puissance
> J'ai prêché pour la liberté,
> Et pour la gloire de la France
> Je viens d'en tracer le chemin :
> A l'évidence, il faut se rendre ;
> De nos maux qui voudra la fin,
> Sans hésiter devra le prendre.
> Tout autre nous enfoncerait
> De plus en plus dans un abîme,
> Et, tel qu'il soit, n'aboutirait
> Qu'au déshonneur ainsi qu'au crime.
> Sous les chefs de l'égalité
> Je vais faire votre décompte,
> Au lieu de la tranquillité,
> Vous n'aurez que trouble et que honte.
> Croyez-moi, Députés et Pairs
> Dont la funeste inadvertance
> Et les déplorables travers,
> Ont causé les maux de la France,
> Hâtez-vous de briser ses fers ;
> Ou soyez assurés d'avance
> Que l'heure approche où tout pervers
> N'échapperait à sa vengeance.

CHABANNES.

Imprimerie de Bacquenois et Appert, rue Christine, N. 5.